KNOWLEGLE YOUNGER CHANNEL

KNOWLEGLE YOUNGER CHANNEL

KNOWLEGLE YOUNGER CHANNEL

KNOWLEGLE YOUNGER CHANNEL

Money

KNOWLEGLE YOUNGER CHANNEL

貧窮大崩盤

本書原書名：

腦袋決定錢袋

張升宗◆著

序言

當今社會階層的對話中有兩樣東西非常引人關注：第一，富人想要知道窮人如何生活；第二，窮人想要知道富人怎樣生活。第一樣東西，從人文建設角度來講，是社會公正和精神道德層面的一種關懷；第二種東西卻常常會引出相當深刻的啟示。任何事情都是有原因的，任何事情的原因都是可以進行分析的，富人在分析窮人生活的時候，常常有一種俯視和忽視；窮人在分析富人的生活的時候，常常有一種羨慕和追求，他們不僅僅願意知道富人們是怎樣生活的，更想知道他們的財富從何而來。

賺錢有時候是一種選擇，而不僅僅是奮鬥。有財富的人們之所以能夠成功，基本上來說是因為他們的選擇是對的。如果審視一下你周遭的富人，你會發現：其實窮人與富人的能力差距並不像他們的財富數量差距那樣大，所以財富的差距絕不僅僅是能力的差別。

有時候，看似非常懸殊的差別最致命的根源卻常常是微小的細節，而這個微小的細節卻產生天壤之別的作用，這個微小的細節就是每個人的財富意識。也就是說，在現代社會中，窮人和富人的經濟收入差別常常是從財富意識開始的，因為財富意識的差別，他們選擇了不同的門，於是就有不同的路。一個無形的財富意識，常常可以造就一個商業社會中的英雄，常常可以成就一個商業社會中的神話。

賺錢有時候是一門學問，但是它絕對不是書本上的教條和課堂上的公式，而是存在於活生生的實踐中的智慧。這門學問的最大特點在於它是與每一個人的具體情況息息相關，與每一個人的理想和目標息息相關。如果你仔細分析每一個成功的富翁，會發現他們每一個人都有自己的一套財富秘笈，每一個人都有自己的財富哲學。這些眾多的財富哲學有時候是不一致的，甚至有時候是互相矛盾的，但是只要你學到一點就夠了：你必須培養自己的財富意識。

《腦袋決定錢袋》實際上就是教你如何培養自己的財富意識、建立自己的財富存摺。在機會面前，每一個人的財富意識是平等的，只是有的人能夠將意識變

成現實，有的人卻放棄理想甘願後退。如果你已經是一位身價不凡的富翁，那麼這本書會像你的老朋友一樣和你侃侃而談，使你回憶起你的財富哲學和創業的經歷；如果你是一名剛走進社會，前路茫茫躊躇滿志的熱血青年、如果你是一名對自己的現狀不滿意的一般職員、如果你是一名失業者……這本書將會像一位老師一樣讓你從迷茫中看到希望，在黑暗中看見曙光，引導你從一個落寞無名的失敗者成為百萬富翁，這種突圍和轉變的精髓隱藏在本書的每一行文字中。

謹以此書獻給渴望改善自己生活的人們，衷心祝願你們早日攀登夢想，你的未來只有自己可以掌握！

CONTENS

目錄

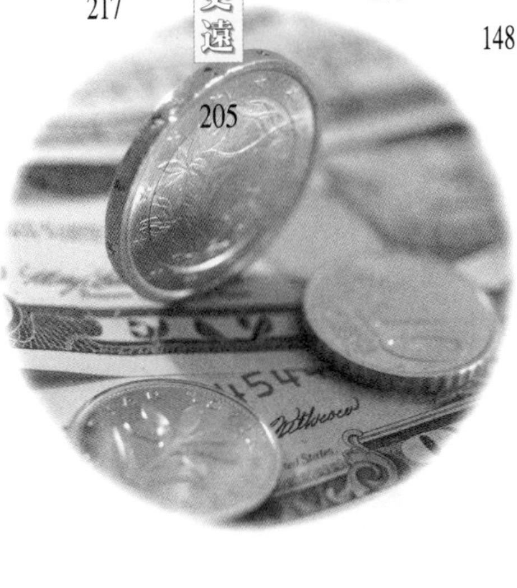

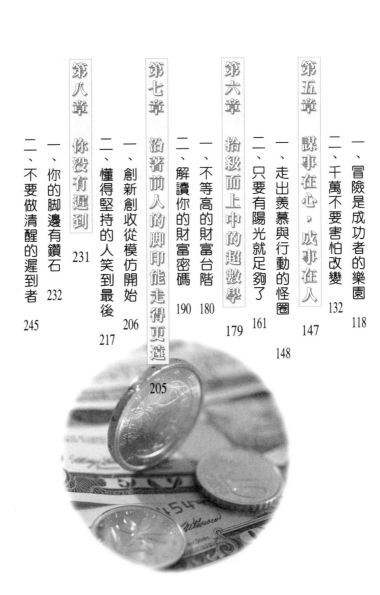

第一章

故事内外的人生

一、和尚挑水的秘密

在我們的周圍和資訊視野中，我們經常看到或者聽說過這樣的事情：

在同樣的職業環境中，有的人事事順利，步步高升；有的人卻是碌碌無爲，毫無變化！

在同樣的機遇面前，有的人能夠抓住機會一舉成功，有的人卻讓機會白白溜走！

有的人辛苦半生依舊平庸無爲，有的人年紀輕輕就已經事業有成！

有的人苦苦尋覓難以實現人生理想，有的人則舉重若輕，談笑間志得意滿！

這樣的事情在我們的生活中可以說是比比皆是，這背後的原因很多也很複雜，如果用理性的望遠鏡來觀察這種不平衡的人生狀態的話，很多人都會看到關於家庭出身、天生的身體條件、機遇巧合等比較重要的因素；如果用理性的顯微鏡來觀察，很多人也都會看到每一個人不同的人生意識和財富敏感度，在外部條

件相同的時候，在周圍的環境相同或者相似的情況下，這種人生意識和財富敏感度就像無形的指揮棒，決定著人生不同的道路和走向，而不同的方向和道路必然形成不同的結局。

尋找你的財富基因

既然是不同的人生意識和財富敏感度造就了不同的人生方向和結局，那麼，究竟怎樣才能找到你的財富意識呢？答案是：**要主動尋找自己的財富基因。如果你採取一種積極的人生姿態來尋找你的財富基因，你自己會很快成爲財富的載體。**

請看下面一則故事：

從前，有兩個小和尚住在相鄰的兩座山上，他們兩人每天都要從山下的小河挑水到自己的寺廟裏。由於這條小河正好在兩座山的中間，因此他們兩人每天都在同一條河裏挑水。久而久之，他們相互認識並且成了好朋友，他們經常約好了在同一時間下山挑水，順便談談自己心事、佛法之類，兩人之間無所不談，過得好不開心。不知不覺，時間就在每天挑水中轉眼過了五年。

突然有一天，左邊這座山上的小和尚沒有在他們習以爲常的時間下山來挑水，右邊那座山上的小和尚心想：「他大概睡過頭了吧！」因此也不以爲意，哪知到了第二天的挑水時間，左邊山上的小和尚，還是沒有像往常一樣下山來挑水，第三天也一樣沒有來挑水，這樣過了一個星期，右邊山上的小和尚越來越覺得奇怪，他覺得要抽空去看看自己的老朋友。這樣過了一個月，右邊那座山上的小和尚終於忍不住了。他心想：「我的這位老朋友很可能是生病了，我一定要過去看望他，看看能不能幫上他什麼忙。」於是，他便上左邊那座山上去探望他的老朋友。

等到他到達左邊這座山上的寺廟裏時，不禁大吃一驚。因爲事情與他想像的相差十萬八千里，他的老朋友並沒有生病臥床不起，反而是在悠閒地打太極拳，一點也不像一個月都沒喝水的人。他十分好奇，問他的老朋友：「你不是已經一個月都沒有下山去挑水了嗎？難道你可以不用喝水也能非常健康嗎？」左邊這座山上的小和尚笑了笑，說：「我並不是一個月都沒有喝水了，我自有辦法。來來來，我帶你去看一樣東西。」

於是，他帶著右邊那座山上的小和尚來到寺廟的後院，指著一口井說：「其實這五年來，我每天做完功課後，都會抽空挖這口井。雖然每天也下山去挑水，但是我眞正的願望是挖好這口井，以後就不必下山去挑水了，可以節省時間做別的事情。即使有時很忙，我也堅持挖，能挖多少就算多少吧！如今，終於讓我挖出水來了，現在我就不必再下山去挑水了，我可以有更多時間，練我喜歡的太極拳。」

這則故事告訴我們：**一個人要想超越別人，要想自己走出一條路來，就要有自己的做事意識，善於自己挖一口井，這樣就能夠得到源源不斷的水源。**這就是聰明的人爲什麼總是走在別人的前面一步的原因。

其實，故事裏的情節就是故事外的社會，在我們這個社會中，有很多人就像右邊山上的小和尚一樣，已經習慣了每天下山去挑水，雖然比較辛苦，但是在一種穩定的環境中，基本上能夠有自己的事情可做就已經比較知足了。這樣的人在我們的周圍比比皆是，你的父母、你的親戚朋友、甚至你自己，可能就是這個社會中的「挑水者」，你們在同樣的職業環境下，做同樣的工作，掙微薄的收入，做著辛苦的工作，日復一日，年復一年，將自己的人生理想捆綁在一成不變的工作中，思考模式也是局限在一個比較小的範圍內，難以打開心靈來看問題。如果仔細觀察的話，你的周圍可能到處都是每天下山挑水的小和尚，雖然他們的工作不是挑水，雖然他們也不是和尚，但是他們的人生境遇與終生挑水的小和尚是相似的。

那個主動挖井的小和尚之所以能夠找到源源不斷的水源，是因爲他善於利用自己的空閒時間做創造性的工作，有時候這種工作甚至可以是一種很瑣碎的事情，但是正是這樣一點一滴的積累，才有後來源源不斷的水源。

小時候，母親經常講這樣一個故事：

有個富家子弟特別愛吃餃子，每天都要吃。但他又特別刁鑽，只吃餡，兩頭的皮尖就丟到後面的小河裏去。

好景不常，在他十六歲那年，一把大火燒了他的全家，父母急怒中相繼病逝。這下他身無分文，又不好意思要飯。鄰居家大嫂非常好，每餐給他吃一碗麵糊糊。他則發奮讀書，三年後考取官位回來，一定要感謝鄰居大嫂。

大嫂對他講：「不要感謝我。我沒有給你什麼，這是我收集當年你丟的餃子皮尖，曬乾後裝了好幾麻袋，本來是準備饑荒之需的。正好你有需要，就還給你了。」

這位大嫂就是一位善於利用自己的空閒時間的人，她的工作其實很瑣碎，但是在關鍵的時候卻是很重要，而這位富家子弟卻恰恰相反，養尊處優遊手好閒，處境悲慘。在這種對比之中我們能夠看到這位大嫂的智慧：善於利用自己的空閒時間。

有一個有名的三八理論：八小時睡覺，八小時工作，八小時休息，這個人人一樣。人與人之間的不同，是在於業餘時間怎麼度過。時間是最有情，也是最無情的東西，每人擁有的都一樣，非常公平。但擁有資源的人不一定成功，善用資源的人才會成功。

很多人在自己的工作領域，都是朝九晚五的時間表的忠實執行者，他們每天重複著一成不變的行車路線，每天重複著永遠沒有盡頭的機械性的工作，他們工作掙薪水就像是在挑水一樣，用自己的時間和精力來換取微薄的報酬；而有些人卻能夠充分開發自己的財富意識，他們設想了自己的目標並且能夠眞正行動起來，最終自己爲自己挖一口財富之井，爲自己找到了財富的源頭，這正是他們棋高一著之處。很多人之所以沒有擺脫那種千篇一律的工作節奏，把自己的理想交付在時間的消耗和精力的重複浪費上。因爲他們常常會忘記把握下班後的時間，挖一口屬於自己的井，培養自己另一方面的實力，因此他們只能在固定的軌道上行走，難以超越自己。

尋找自己的財富基因，關鍵是要有強烈的財富慾望，然後把這種慾望轉化成堅實的行動和富有創意的規劃。每個人都有自己的財富之路，因爲每個人都有自己的理想和自己的特長，如果你找到自己的財富基因，你就很快會有自己的財富藍圖，把這種藍圖付諸行動，你就會走上自己的財富之路。

要做「關鍵少數」，莫做「無用多數」

十九世紀末，義大利經濟學者帕列托發現了著名的「二八法則」。這個法則顯示：社會上大多數人的所得和財富，都流向了少數人的手裏。他同時也發現：

某一個族群占總人口數的百分比，和該族群所享有的總收入或財富之間，有一項一致的數學關係。而且，這種不平衡的模式會重複出現，這個百分比就是20：80。

「二八法則」的字面意思是：在世界的各方面，都存在著20：80的不平衡現象。如20％的人佔有80％的財富；20％的投入換來80％的回報。我們不必拘泥於這個比例關係是否準確（這只是一個近似值），而要注意它的內涵：世界是不平衡的。

我們可以找到許多這樣的例子：20％的產品，或20％的客戶，涵蓋了約80％的營業額。20％的產品或顧客，通常占該企業組織約80％的獲利。20％的罪犯占了所有罪行的80％。在家中，無論是地毯還是家用電器，80％的磨損出現在20％的位置。80％的時間裏，你穿的是你所有衣服的20％。在學校裏，你獲得的絕大多數知識來源於少數的課程和書籍。而你所完成的工作裏，80％的成果來自你所付出的20％。換言之，我們五分之四的努力——也就是大部分付出的努力，幾乎是白白浪費的。這一點一定使你大吃一驚。

如此說來，我們一直深信不疑，並已經成爲「公理」的很多觀念竟是錯誤百出？比如，「一分耕耘，一分收穫」；所有顧客應一視同仁；所有生意、每一種產品和每一分利潤價值相同；所有員工大致同等有用；所有的朋友對我們一樣重要；我們很容易假設，50％的原因或投入，會造成50％的結果及產出。我們有一個先入爲主的觀念，認爲事情的因果會有一個相等的平衡——有時候的確如此。但這種「五十／五十的謬誤」，是最有害又最深植人心的概念。

這種謬誤的有害之處在於：它掩蓋了投入與產出之間的眞實關係，而使人們在不必要的方面 投入了巨大的成本。

被稱爲「二十世紀最大投資失敗」的銥星公司的倒閉，就是被「二八法則」擊敗的活生生的例子。銥星公司出身豪門（後台是大名鼎鼎的摩托羅拉），其所推出的銥星電話——在世界任何地方都能打通的電話，在技術上的先進性舉世無匹，可是這樣一個「天之驕子」，卻在投入營運兩年後不得不宣佈倒閉，原因何在？除了營運方面的種種失誤，最重要的敗因正是它所追求的「覆蓋全球」的理想。不要忘了，地球表面的80％以上是人跡罕至的海洋、極地和高山，爲了將這些地域納入通訊網絡，銥星公司不但要發射大量衛星，還要負擔維護其運轉的巨

大費用，可是這些地方所能產生的利潤卻微乎其微。這些成本最終都要由另外那20%地區的用戶負擔，這就是造成銥星電話價格過高，無法和普通行動電話競爭的原因。

很多時候，我們不知道，有些資源的生產力超高——但只有少數資源是如此。而我們也不知道，資源中的一大部分只有少許生產力，或實際上會造成負面效果。**如果我們在生活的各個層面中確實意識到「關鍵少數」和「無用多數」之間的差異，並且著手去改善，則我們所珍視的事物將可以增加。**

以餐飲業爲例，設想一下，一家掛著「經營各大菜系、早餐酒席」的飯店生意會怎樣？或者某種又像茶、又像咖啡、又像可樂的飲料銷量又會怎樣？相反，那些特點鮮明的川菜館、粵菜館，看似口味單一，食客有限，其實經營者正是放棄了那「吃力不討好」的80%，才獲得衆多追捧者的。

這一原則對個人來說也很有用。比如，一個員工希望得到上司的青睞，每天早到晚歸，主動打掃辦公室，盡力維持良好同事關係等，這些都可能是「有用」的，但並不一定都必要，其實，與其在這些方面投入過多精力，不如專心工作，以「業績突出」打動上司。

「二八法則」給我們的另一個忠告是：要善於抓住機遇。在戰爭中，當足以決定成敗的戰機出現時，就要敢於將主力部隊投入進去以爭取勝利。人生也是如此。「白領」中流傳著一種說法「四十歲以前賺夠，四十歲以後退休」，雖是戲言，但也包含了某些道理。要想在有限的時間「賺夠」，就必須利用好你的黃金時期，找到可以爲你帶來80％回報的那些東西，並投入全部精力儘量達到最好的結果。

「二八法則」的一個非常重要的啓示就是：做的多不一定得到的多，你的財富意識常常能夠造就一個神話。如果你是一個兢兢業業、規規矩矩的「挑水者」，你也許是非常辛苦，但是你的財富意識不高，你的財富敏感度不高，儘管你做的很多，卻得到的很少，因爲你屬於社會「無用的多數」，你屬於那80％。如果你能夠爲自己開闢出一條路來，你就很快屬於另外的20％，你會用自己的智慧和巨大的優勢來得到大量的財富，這個時候，你就屬於20％，你就是少數的關鍵。

社會發展歷來就是一個金字塔模式的，在底層的人常常是多勞少得，在上層

的人常常是少勞多得，因爲他們的高度是不同的。人類的財富積累也是這樣的模式，如果你是一個打工者，你只能辛辛苦苦做很多事情，但是你的財富只是一個線性的增長趨勢，如果你是一個經營者和管理者，你的財富會成倍的增長。因此，積累你的財富，一定要敢於做關鍵的少數，而不要去做無用的多數。

二、讓自己的財富凝聚力流出金錢

如果你要登上財富金字塔的上層，必須創造自己的財富凝聚力，有了自己的財富凝聚力，自然會流出大量的金錢。

請看一則將會影響你的意志和未來的故事：

很久以前，有兩位年輕人，一位叫傑克，一位叫布魯諾，他們是堂兄弟，都是雄心勃勃的，他們住在義大利的一座村子裏。兩位年輕人從小就是很要好的夥伴。他們常常天南地北地談論，某一天討論到如何透過某種方式，讓自己可以成爲村裏最富有的人。他們都很聰明而且勤奮，他們所需要的只是機會。

有一天，機會來了。村裏決定要僱兩個人把附近河裏的水運到村廣場的蓄水池裏。村長把這份工作交給了傑克和布魯諾。兩個人各抓起兩只水桶奔向河邊開始了他們辛勤的工作。當一天結束時，他們把村廣場的蓄水池裝滿了。村長按每桶水一分錢付錢給他們。

「我們的夢想終於實現了！」布魯諾大喊著，「我簡直不敢相信我們的好運氣。」但傑克卻不是這樣想。他的背又痠又痛，用來提那重重水桶的手也起了泡。他害怕每天早上起來都要去做同樣的工作。於是他發誓要想出更好的辦法，將河裏的水運到村子裏。

「布魯諾，我有一個計劃，」第二天早上，當他們抓起水桶往河邊奔跑時傑克說，「爲了一天才幾分錢的報酬，而要這樣辛苦的來回提水，不如我們修一條管道，將水從河裏引進村裏去吧！」

布魯諾愣住了。「一條管道？誰聽說過這樣的事？」布魯諾大聲的嚷道，「傑克，我們擁有一份很棒的工作。我一天可以提一百桶水。按一分錢一桶水計算，一天就是一元錢！我已經是富人了！一個星期後，我就可以買雙新鞋。一個月後，我就可以買一頭牛。六個月後，我還可以蓋一間新房子。我們有全鎮最好的工作。我們還有雙休日，每年有二週的帶薪假期。我們這輩子都不用愁了！放棄你的財富凝聚力幻想吧！」

但傑克不是輕易氣餒的人，他耐心的向布魯諾解釋這個計劃。可惜的是並不能改變布魯諾的想法。於是傑克決定即使自己一個人也要實現這個計劃，它將一部分白天的時間用來提桶運水，用另一部分時間以及週末的時間來建造他的管道。他知道，要在像岩石般堅硬的土壤中挖出一條管道是多麼艱難的事。因爲他的薪酬是根據運水的桶數來支付的，他知道在開始的時候，自己的收入會下降。他也知道，要等上一兩年，他建造的管道才能產生可觀的效益。但傑克堅信他的夢想會實現，於是全力以赴地去做。

不久，布魯諾和其他村民就開始嘲笑傑克了，稱他爲「管道建造者傑克」。布魯諾掙到的錢比傑克多一倍，並常向傑克炫耀他新買的東西。他買了一頭毛驢，配上全新的皮鞍，拴在了他新蓋的兩層樓旁。他還買了閃亮亮的新衣服，在飯館裏吃著可口的食物。村民尊敬的稱他爲布魯諾先生。他常坐在酒吧裏，掏錢請大家喝酒，而人們則爲他所講的笑話而格外地高聲大笑。

當布魯諾晚上和週末睡在吊床上悠然自得時，傑克卻還在繼續挖他的管道。頭幾個月裏，傑克的努力比並沒有多大的進展。他工作得很辛苦——比布魯諾的工作更辛苦，因爲傑克晚上、週末也還在工作。但傑克不斷地提醒自己，實現明

天的夢想是建立在今天的犧牲上的。一天一天過去了，他繼續地挖，一次只能挖一英寸。

「一英寸又一英寸……成爲一英尺，」他一邊揮動鑿子，打進岩石般堅硬的土壤中，一邊重複這句話。一英寸變成一英尺，然後十尺……二十尺……一百尺……

「短期的痛苦帶來長期的回報。」每天的工作完成後，筋疲力盡的傑克跌跌撞撞地回到他那簡陋的小屋時，他總是這樣提醒自己。他透過設定每天的目標來衡量自己的工作成效。他決心一直堅持下來，因爲他知道，終有一天，回報將大大超過此時的付出。

「目光要牢牢地盯在回報上。」每當他入睡前，耳邊淨是酒館中那些村民的嘲笑聲時，他一遍又一遍地重複這句話。

一天天、一月月地過去了。有一天，傑克意識到他的管道已經完成了一半，這也意味著他只需提桶走一半的路程了。傑克把這多出來的時間也用來建造管道。

終於，完工的日期越來越近了。

在他休息的時候，傑克看到布魯諾還在費力的運水。布魯諾的背駝得更厲害了。並由於長期的勞累，步伐也開始變慢了。布魯諾顯得很生氣，悶悶不樂，好像是爲他自己注定一輩子要運水而憤恨的樣子。

他在吊床上的時間減少了，卻花更多的時間泡在酒吧裏。當布魯諾進來時，酒吧的老顧客們都竊竊私語：「提桶人布魯諾來了。」當鎮上的醉漢模仿布魯諾弓腰駝背的姿勢和他拖著腳走路的樣子時，他們都咯咯大笑。布魯諾不再買酒請大家喝了，也不再講笑話了。他寧願獨自坐在漆黑的角落裏，被一大堆空酒瓶所包圍。

最後，傑克的重大時刻終於來到了——管道完工了！村民們簇擁著來看水從管道中流到水槽裏！現在村子裏有源源不斷的新鮮水了。附近其他村子裏的人也都紛紛地搬到這個村子來，於是這個村子就慢慢的發展和繁榮起來了。

管道一旦完工，傑克便再也不用提水桶了。無論他是否工作，水都一直源源不斷地流入。他吃飯時，水在流入。他睡覺時，水在流入。當他週末去度假時，水還在流入。流入村子的水越多，流入傑克口袋裏的錢也就越多。

管道建造者傑克聲名大噪，人們都稱他爲奇蹟創造者。政客們讚揚他的遠見，還懇請他競選市長。但傑克明白他所完成的並不是奇蹟，只是一個宏偉夢想的第一步。你知道嗎？傑克的計劃大大超越了這座村莊。

管道的建立使提桶人布魯諾失去了工作。看到布魯諾向酒吧老闆乞討酒喝，傑克的心裏很難受。於是他安排了一次與布魯諾的會面。

「布魯諾，我來這裏是想請求你幫忙。」布魯諾挺起腰，瞇著他那無神的眼睛，聲音沙啞地說：「別挖苦我了。」「我不是來向你誇耀的，」傑克說，「我來向你提供一個很好的生意機會。我建造第一條管道花了兩年多的時間。但這兩年裏我學到了很多！我知道該使用什麼工具、在哪裡挖、如何連接財富凝聚力。一路上我都做了筆記，我開發了一系統的方法，能讓我們建造另一條管道，然後另一條……另一條……」

「由自己來做，一年可以建成一條管道。但這並不是利用我的時間的最好方式。我想做的是教會你和其他的人建造管道，然後你再教其他人，然後他們再教其他人，直到管道鋪滿本地區的每個村落。最後，全世界的每一個村子都要有自己的管道。」

「仔細想一想，」傑克繼續說，「我們只要從流進這些管道的水裏賺取一個很小的比例，而越多的水流進管道，就會有越多的錢流進我們的口袋。我所建的管道不是我們夢想的結束，而是開始。」布魯諾終於明白了這幅宏偉的藍圖。他笑了，向他的兄弟伸出他那粗糙的手。他們緊緊地握住對方的手，然後像失散多年的老朋友那樣擁抱。

許多年以後，儘管傑克和布魯諾已退休多年了，他們遍佈全球的管道生意還是每年把幾百萬的收入匯進他們的銀行帳戶。他們有時會到全國各地旅行，也會遇到一些提水桶的年輕人。

這兩個一起長大的堂兄弟總是把車停下來，將自己的故事講給年輕人聽。啓發他們建立自己的管道。有一些人聽了，立即抓住這個機會，開始做起管道生意。

但悲哀的是，大部分提桶者總是不耐煩地拒絕了這個建造管道的念頭。傑克和布魯諾無數次地聽到如此相同的藉口：

「我沒有時間。」

「我朋友告訴我，他認識的一個朋友的朋友試圖建造管道，但失敗了。」

「只有那些很早就開始動手建造的人才可以從管道那裏賺到錢。」

「我這輩子一直都是提水桶的，我只想維持現狀。」

「我知道有些人在建造管道的騙局中虧了錢，我可不願重蹈覆轍。」

傑克和布魯諾爲許多人的缺乏遠見而感到悲哀。但他們也承認，他們是生活在一個提桶的世界裏，只有一小部分人敢作建造財富凝聚力的夢。

尋找財富的水源

在這個故事中，傑克和布魯諾代表了兩種人，布魯諾代表了生活中最爲普遍的一種人，他們的理想是找到工作就做，從而得到一些應有的報酬，他們渴望自己在一個穩定的環境中做一些簡單的事情，他們的擔心就是失業，實際上這種人是把自己的財富命運寄託在自己兢兢業業的工作上，但是他們不會明白自己的工作只是一個大機器的小小零件而已。他們永遠只是一個工作者，是一個工作領錢的臨時工作者，他們是別人用來賺錢的工具而已。

現實生活中的企業裏的「白領」和「藍領」，一些辦公室中的文職人員，一些公司的僱員，政府機關的小公務員等，都是在扮演者這樣的角色。而傑克代表的則是另外一種人，這種人不願意把自己定位在一個小小的零件上，他們始終是用一種長遠的眼光來觀察問題，始終是用自己的腦袋思考問題，願意爲自己設計一個美好的未來藍圖，用經營者的眼光來看問題，用管理者的思維來辦事，這種人就是像傑克一樣，修建出自己的管道，成爲一個經營者，他們的智慧施展空間更大，他們的財富增長不是工資和累加，而是成倍的翻滾。

遺憾的是，現實中很多人都是布魯諾，只有少部分人是傑克，很多的布魯諾生活在一個提桶的世界中，他們用自己的汗水換來的只是微薄的收入。眞正像傑克這樣有理想、有遠見的人卻不多。但是這兩種人又不是絕對的，有時候是可以相互轉化的，就像故事中的布魯諾最後找到傑克合作一樣，最後兩個人都擁有屬於自己的財富凝聚力，這條管道裏面流出來的不是水，而是財富。在現實中，更多的情況是，第一種人常常受僱用於第二種人，第一種人是工作者，第二種人是經營家。第一種人的財富是從自己的十指中擠出來的血汗，第二種人的財富是從

自己的財富凝聚力中源源不斷地流出來的。

你是自己的投資家

讓你的財富凝聚力流出金錢，首先需要你來投資！

投資，有兩種基本的形態，一種是對自己能力的投資；另一種是用錢來賺錢。**經濟學家們認爲，決定投資的主要因素是：收益、成本和預期**。也就是說，進行投資時，需要考慮投資所得、付出的本錢和對投資的信心。當投資所得豐厚、付出的成本小並對投資有信心時，人們的投資願望會很強烈。

前一種投資大家都習以爲常，很多人都身體力行。所以，這個世界上到處都是才華橫溢的人。就像故事中的布魯諾一樣，非常認眞地投資自己的體力，可以說是鞠躬盡瘁，但是這種投資沒有使得自己的效益最大化，因此看起來很勤勞，但是得到的財富並不是很多。但後一種投資——讓錢生錢，並未引起大多數人足夠的重視，所以，**這個世界上到處都是有才華的窮人**。故事中的傑克就是這種投資的實踐者，他不願意賺取依靠自己的機械體力勞動而來的報酬，他懂得修建自己的管道，這種投資才是一種高明的投資。最後他終於成功了，讓自己的投資發揮了巨大的作用，他的財富就像水管中的水一樣源源不斷地流出來。

事實上，用錢來賺錢，也就是投資致富，是許多聰明人的選擇。舉個例子來說，如果你一九六九年把一萬美元交給一個叫喬治・索羅斯的人，那麼，到一九八八年，你就可以拿到二百八十萬美元！而在這期間，你無需替人工作，無需忍受老闆的臉色，也無需爲複雜的人際關係所苦。這就是投資的魅力所在。

很多人相信努力工作致富，這並不是一種錯誤的想法。如果努力工作，而所得又足夠多的話，確實可以實現工作致富。問題是，很多人工作之後才發現，工資永遠是那麼少，除了基本生活開支，剩下的不值一提。不用說那些諸如汽車、房子等奢侈消費品無法企及，就是那些稍貴的東西，在購買時，也會讓人捨不得掏腰包。所以，羅伯特・清崎在《窮爸爸，富爸爸》裏說：**窮人是爲錢工作，而富人則讓錢爲他工作**。這意味著，投資成就了富人，而不投資則造成了貧窮。

最簡單的投資是把錢存入銀行。這之後，你無需再花心思去管它，就能坐收利息了。如果你把一千塊錢存到一個年息爲4%的定期帳戶中，那麼，一年之後，

你就賺到了四十元。這看起來有些不起眼，但是，你畢竟什麼都沒有做啊！如果那一千塊錢是用來消費的，那一年之後，一分也不會剩下。

而掙多少花多少，不但是一些人的痼疾，也是投資的首要敵人。斯克瑞普斯，這位創立了一個媒體帝國的美國人說：「**永遠不要掙多少就花多少。你的開銷佔你的收入的比例越小，你就越快致富。**」

還有，很多人之所以不進行投資，是嫌錢太少，不值得投資。他們會說，就這麼點錢，即使錢生了錢，也只是三個核桃兩個棗，根本不管用。這其實是自我開脫的想法。事實上，財富是一棵大樹，它是從一粒種子長成的。很多大的財富都是從最小、最原始的錢變化而來的。華倫·巴菲特現在當然是有錢人，但是，他的投資生涯是從賣報紙起步的。對他來說，眼前的錢多錢少並不重要，重要的是未來有多少錢。

成爲一名富人是人人的夢想。但是，如果你沒有及早儲蓄，並且每個月固定把一筆錢用來投資，那麼，這永遠都是一個夢。

我們常常看到三種人：一種人投資，於是有所收穫；一種人把所有的錢都花光；一種人把所有的錢都花光，還欠了銀行一大筆債。最後一種人，常見於貸款購屋者。很多人開始工作後，就東拼西湊繳了頭期款，買了大房子，從此，每個月都要從工資裏拿出很大部分，用來償還銀行的借款，而且，還款期限常常是十幾二十年。在這種情況下，這些人就必須付出一大筆利息。這時，他們不是讓錢來賺錢，而是讓別人來賺他們的錢。在經濟狀況良好時，情況並不會很壞，一旦經濟狀況惡化，失業率攀高時，還款就會成爲巨大的壓力。如果自己無法償還，銀行的本來面目就會露出來。正如馬克・吐溫所說：「銀行就是晴天借給你雨傘，而在下雨時收回的那種人。」

每一個人都是自己的投資家，你的投資將決定你的一生，你的投資方式將決定你的前途！

三、不同的財富凝聚力通往不同的路

法國的大文豪大仲馬說過：「人生就是不斷的迎接和選擇。」其實，你的財富之路基本上也是你自己的選擇。有人選擇了做一名工作者，因此他在一個相對穩定的環境中做自己熟悉的工作，用勞動換來報酬，屬於穩定持續的收入者，他不需要承受多大的風險，但是也沒有鉅額的財富。

有的人選擇了做一名經營者，他們需要組織和調配很多複雜和混亂的具體工作，同時也要承擔一定的風險，但是他們的財富往往是在成倍的增長。

很顯然，這兩種不同的選擇造就了不同的人生：總是有一些人一生都是兢兢業業、任勞任怨的「挑水者」，他們用自己的勞動來換取應有的報酬，他們的財富是伴隨著事件的累加而增加的；總有一部分人，他們用管理者和組織者的思維來做事，他們能夠在適當的時候開闢一條屬於自己的財富凝聚力，從而創造了源源不斷的財富來源；不同的選擇自然會造就不同的人生。

二十年後見分曉

很多選擇在剛剛開始的時候，似乎沒有什麼大的區別，只有在經過一段時間的考驗和實踐的檢驗之後，才會看到選擇對於人生是多麼重要。請看這樣一個故事：

在一個炎熱的夏天，大衛正在鐵路的路基上認眞地工作，他從事這項工作已經有很多年了，慢慢覺得自己憑著這份工作還可以勉強養活全家，也算是過得去了。有一天，他和他的同伴正在鐵路上工作，只見一輛火車從遠處慢慢開過來，於是他們就扔下手裏的工具暫時休息。火車停下來後，最後一節裝有空調裝備的車廂的窗戶忽然打開了。一個友善的聲音由裏面傳出來：「大衛，是你嗎？」這群人的隊長大衛．安德森回答說：「是的，吉姆，能看到你眞高興！」寒暄幾句後，大衛就接受鐵路公司的董事長吉姆．摩非的邀請。兩人經過一個多小時的閒聊後，握手話別，火車又開走了。

大衛的同伴立刻包圍了他，他們都對他居然是鐵路公司董事長的朋友而感到吃驚。

大衛解釋說，二十年前他與吉姆・摩非在同一天開始爲鐵路公司工作。有人半開玩笑地問大衛：「爲什麼你還要在大太陽下工作，而吉姆・摩非卻成了董事長。」

大衛說了一句意味深長的話：「二十年前我爲每小時一・七五美元的工資而工作，而吉姆・摩非卻爲鐵路事業而工作。」

正如大衛所說，他們兩人二十年後的境遇相差如此遙遠，是由於他們各自選擇的目標決定的。按一般的觀點看，吉姆・摩非比大衛・安德森要成功得多了，一開始前者的目標就比後者的遠大並具有挑戰性。一旦這樣的目標樹立以後，就必須付出超過常人的努力，堅持不懈地做下去，當然二十年後結果就不一樣了。

二十年後的成就如此不同，只是因爲當初的選擇不同，只是因爲當初的目標不同，不同的門通向不同的路，必然造就不同的人生。

離開那看似有卻沒有前途的地方

佐佐木是一位喜歡拉琴的年輕人，可是他剛到美國時，卻必須到街頭拉小提琴賣藝來賺錢。事實上，在街頭拉琴賣藝跟擺地攤沒兩樣，都必須爭個好地盤才會有人潮、才會賺錢；而地段差的地方，當然生意就較差了！

很幸運地，佐佐木和一位黑人琴師，一起掙到一個最能賺錢的好地盤——在一家銀行的門口，那裏有很多的人潮……

過了一段時日，佐佐木透過賣藝賺到了不少錢之後，就和黑人琴師道別了，因為他想進入學校進修，在音樂學府裏拜師學藝，也和琴技高超的同學們互相切磋；於是，佐佐木將全部時間和精神，投注在提升音樂素養和琴藝之中……

在學校裏，雖然佐佐木不像以前在街頭拉琴一樣賺很多錢，但他的眼光超越金錢，轉而投向那更遠大的目標和未來。

十年後，佐佐木有一次路過那家銀行，也發現昔日老友——黑人琴師，仍在那「最賺錢的地盤」拉琴，而他的表情一如往昔，臉上露著得意、滿足與陶醉。

當黑人琴師看見佐佐木突然出現時，很高興地停下拉琴的手，熱絡地說道：「兄弟啊！好久沒見啦！你現在在哪裡拉琴啊？」佐佐木回答了一個很有名的音

樂廳名字，但黑人琴師反問道：「那家音樂廳的門前也是個好地盤，也容易賺錢嗎？」「還好啦，生意還不錯啦！」佐佐木沒有明說，只淡淡地說著。

那黑人琴師哪裡知道，十年後的佐佐木，已經是一位知名的音樂家，他經常在著名的音樂廳中獻藝，而不是只在門口拉琴賣藝呀！

你會不會也像黑人琴師一樣，死守著「最賺錢的地盤」而不放，甚至還沾沾自喜、洋洋得意？你的才華、你的潛力、你的前程，會不會因死守著「最賺錢的地盤」，而白白地斷送掉？

你要這樣子過一輩子嗎？這樣的生活能讓你實現夢想嗎？你想讓家人過更棒的生活嗎？再高級的賓士汽車都會在後車箱上放置一個備胎——你的人生當中是否已經找到自己的方向，千萬不要爲眼前的小利矇住你的眼睛。

第二章

建造財富的凝聚力

一、跳出時間換錢的陷阱

如何來解釋現實生活中辛苦但是低薪的「挑水者」呢？讓我們來看看一名普通的工人的工作狀態吧！因爲工人是最爲典型的「挑水者」，他們可能一生都在一個沒有變化的職業環境中工作和生活，他們必須每天工作八個小時，可以說時間上是不夠自由的，但是收入卻是很低，他們實際上是用自己的時間來換取金錢的，在資訊時代的今天，對於朝氣蓬勃的年輕人來講，這種方式是不可取的。

大多數工人都過著一種四十／四十／四十／的生活：每週工作四十小時，工作四十年，當他們退休時，參加一個退休晚餐並獲得一個價值四十美元的手錶。正如在這個快速變化的世界中大多數事情那樣，這個四十／四十／四十的生活方式已經過時了。今天我們許多人過著五十／五十／五十／五十的生活：每週工作五十小時，每年工作五十個星期，工作五十年，當退休時，生活素質只有今天的五十％。

時間換錢的磨房

這種五十／五十／五十／五十的生活是創造收入的典型例子，因爲它是基於線性增長之上的。計算線性增長的算術非常簡單：

H（時薪）×N（工作小時）＝I（收入）

線性的定義是「結果與投入成正比」。你投入多少，便取得多少，不多也不少。**在線性增長中，增加收入只能透過增加工作時間或加薪來取得。**

現在，一眼看過去，線性增長似乎很公平。按小時受薪的人們如果願意投入時間就能得到回報。但基於線性增長而獲得收入的工人所面臨的問題是他們的收入永遠都有一個極限，無論他們每小時能賺多少錢。這正是千百年來人們工作方式沿襲下來的慣性思維，這種思維統治著人們的思想有數千年，直到資訊時代和市場經濟時代的到來，時間換錢的磨房一直持續了幾千年，人們緩慢地收到自己應得的報酬。

資訊時代和市場經濟基本上打破了這種線性的增長模式，並且成爲一種機會增長的跳躍式財富增長，但是要跳出原來的觀念，是需要冒著一定的風險。因此，許多的人爲了安定，害怕變化，因此寧願在一個穩定的環境中慢慢的用時間來換取金錢，也不願意走出去，用自己的雙手和頭腦來完成自己的夢想。這個巨大的磨房把無數人的時間和精力碾碎，換來很小的成果，但是磨房永遠都是開動的，沒有停止的時候，同時也把很多人的雄心壯志碾碎在沈重的磨盤下。

油漆工人和專業人士

爲了最佳描述線性增長的限制，我以兩個人爲例來說明。他們的職業相差很遠，一位是油漆工人，另一位是醫生。

這位油漆工人名叫加利，他在佛羅里達州擁有一個十二小時的油漆和牆紙店，他平時很努力地工作，天天早出晚歸，週末也盡可能工作。當加利去談業務時，他把自己工作的價格定爲每小時十二美元。但考慮到旅途費用，以及去五金店購買材料等時間，他的價格大約爲每小時十美元。如果加利幸運的話，每天能工作十小時，每週工作六天，他大約一年可賺：

一×一〇＝每小時一〇美元

每週六〇個小時＝每週六〇〇美元

每年五〇週＝每年三〇、〇〇〇美元

每年賺三萬美元絕對不是什麼該被嘲笑的收入，許多人都盼著每年能賺三萬美元。但加利也就只能賺那麼多了，還是在一件工作接一件工作不停的情況下才掙的。然而可以看看加利付出了多少代價：

他每週只能有一天的時間與妻兒在一起；

他無論多麼辛苦，一年也不過賺三萬美元；

他極少休假，即使有休假，也累得沒有心思享樂。

以下是基於線性增長的收入而工作的最糟糕之處：加利只有在工作結束之後才能得到收入，這意味著一旦收到了他最後一張支票，他又要回到時間換錢的磨坊裏。

現在讓我們回頭再來拜訪約翰・史密斯，他是一位醫學碩士，每年從醫收入十五萬美元。史密斯醫生有自己的私人診所，雖然他的四位全職僱員都是註冊護士，史密斯醫生必須親自診治病人，所以他每天工作八小時，每週六天，照顧病人。然後每天花額外二小時來做文字工作和塡寫表格，還要每月花二個週日進行其他商務活動。

史密斯醫生增加收入的唯一途徑是增加他的工作時間。但因爲他已經每天工作十小時，他回到家時已筋疲力盡，無法幫助孩子們複習功課或參加兒子的足球賽，更不用說增加工作時間了。

因此我們可以看到：**所謂的專業人士，不過是一個高價碼的油漆工人。**因爲專業人士也是用自己的時間來換取金錢的，但是在這個換取金錢的過程中，這些專業人士們犧牲了很多的東西，他們就像一個油漆工一樣，一件工作接著一件工作，是用自己的血汗來賺取財富的。

跳出「時間換錢」的陷阱

你是否認識一些每年賺十五萬美元以上的勤奮的醫生或律師，仍然會感到困惑他們在創造眞正的財富嗎？根據我的財富定義，回答是「不」。

讓我們來看看原因。雖然許多高收入的專業人士有錢買他們喜歡買的和做他們喜歡做的。然而大多數人並沒有時間，因爲他們必須持續工作，年復一年，日復一日。事實上，他們必須工作以便創造收入來維持他們的生活方式。被困在工作中的人，無論他們賺多少，都是創造收入的奴隸，毫無自由的努力賺錢，他們得到了報酬，而非創造財富。

在創造收入的情形下，你用時間來換美元，這意味著除非你親自去工作，否則你賺不到錢。不論是一個垃圾收集工人每小時賺五．一五美元，或者是一個心臟病醫生每小時賺五千美元，創造收入都是用一個單位的時間來換一個單位的錢。在這個情形下，十個小時的工作意味著十個小時的報酬。

不幸的是，創造收入是個永不終止的風車。所以我們稱創造收入爲「時間換錢」的陷阱。最糟糕的是，當風車停了，收入也停了，這意味著生病或受傷、或長時間失業的工人將毫無收入。在我們的周圍可能存在一些人，他們挖空心思找工作，或者爲了一個工作，爲了自己的飯碗而發愁，實際上他們的思維沒有離開原來的模式，在他們的眼裏，工作就是飯碗，這個飯碗只能靠著自己的勞動來換取金錢的，必須是別人給予的，而不是自己爲自己找飯碗，這就是陷入了「時間換錢」的固定思維中了。

讓我們來看一看前面提到的史密斯醫生，他每年賺十五萬美元。無論從誰的標準來看，十五萬美元年薪是很可觀的。但當高薪專業人士依賴其收入來支持其生活方式時，他們就成了「時間換錢」陷阱的受害者。

一個每年賺十五萬美元的專業人士的典型月開支

整年收入	一五〇、〇〇〇元
三十三%的所得稅	五〇、〇〇〇元
純年收入	一〇〇、〇〇〇元
月收入	八、五〇〇元
月開支	
兩部豪華房車的貸款	一、〇〇〇元
湖濱別墅的抵押貸款	二、〇〇〇元
人壽、健康、汽車等的保險	五〇〇元

兩個孩子上私立學校	一、〇〇〇元
外出娛樂、休閒	一、〇〇〇元
每年兩次全家度假	一、〇〇〇元
衣服、珠寶、家具	五〇〇元
教堂、慈善捐款	五〇〇元
鄉村俱樂部會員費	五〇〇元
儲蓄	五〇〇元
總計月開支	八、五〇〇元
總計月收入	八、五〇〇元
剩下的錢	〇元

臨時收入的奴隸

透過上面的分析可以知道，史密斯醫生有一個很不錯的生活方式。我們每一個人都很嚮往能有錢參加一個鄉村俱樂部，或去科羅拉多昂貴的滑雪勝地度假，或乘坐豪華遊輪暢遊加勒比海。當然史密斯醫生有一個令許多人羨慕的生活方式，但他在付出一個高昂的代價，因爲他已經抵押了自己的自由。

我們看到史密斯醫生有臨時的收入，但他並沒有充分的時間自由。他完全被工作束縛，因爲他已經成爲工作的奴隸。他必須每天去診所，無論他願意與否。如果他不出現，他便不會有收入。如果他沒有收入，他便失去抵押的房產、失去貸款的汽車、無法使用信用卡、以及無法繳交私立學校的學費，怪不得這麼多的專業人士早早患上了心臟病。

還有一個更加深入的問題，也是非常實際的問題：

如果一個高薪醫生的手受傷，從此再也不能工作，他會怎麼樣呢？他的生活又將會怎麼樣呢？更進一步的說，如果你必須停止自己的工作，你再也不能創造臨時收入，你會怎麼辦呢？對於我們大多數人而言，這是一個終極的噩夢！這就是創造收入的困境，它是臨時性的。你停止工作的話，收入也會停止。如果你除了工作以外沒有任何收入來源，你將面臨災難！

《新聞週刊》雜誌寫到，「普通工人要花半生來買房子、積累一些存款和退

休金，但六個月的失業便會令一切都消失殆盡」。在我們的周圍有很多的人的生存問題都是這樣的，經常是爲了一個沒有持續性的工作而奔波勞累，但是所得的報酬卻是微乎其微。

由世襲酬金而得的自由

你如果既能享受史密斯醫生的優越生活而又不必上班，那會多好？那確實是眞正的夢想成眞，對嗎？

幸運的是，還有除了臨時收入以外的另一種收入，稱爲世襲酬金，而與臨時收入不同的是，世襲酬金會一直賺錢，無論你上班與否。世襲酬金不會被「時間換錢」的陷阱所困。

爲了讓各位更清晰瞭解世襲酬金的創造過程。我們來看另一位假設的專業人士，且稱他爲喬・瓊斯，是位CPA（註册會計師）。正如史密斯醫生那樣，瓊斯先生有一個興旺的生意。但與史密斯醫生不同的是，瓊斯先生完全明白世襲酬金的威力。在他過去四十年輝煌事業過程中，瓊斯先生把他收入的10％存起來並聽明地投資出去。

今天，瓊斯先生已經退休，他把每年收益的10％即一百五十萬美元投資在共同基金上，這給了他相當於史密斯醫生臨時收入的世襲酬金，即十五萬美元。雖然收入是一樣的，但兩個人獲得收入的方式卻很不同，正如下表所示：

臨時收入——世襲酬金

你用時間換錢——你槓桿你的時間

錢以線性方式增長——錢以倍數方式增長

如果你殘廢了，收入停止——收入永不停止

你沒有創造眞正的財富——你創造眞正的財富

時間不是你自己的——完全的時間自由

你在混日子——你在向前進

當工作停止，收入也停止——收入不間斷

現在我問你，你願意接受哪種人：臨時收入或世襲酬金？答案是顯然的。因為沒有人願意去做奴隸，人人都想成爲自己的主人，都想成爲自己財富的主人，

只有成爲自己的主人才能夠眞正創造財富。

創造眞正的財富

創造財富，等於創造收入，由於有了一個稱爲槓桿的概念而避開了「時間換錢」的陷阱。**創造眞正財富的唯一方式是槓桿你的時間、金錢和精力，因而十小時的工作可帶來一百小時的報酬，甚至一千小時。**

你知道，富人變得更富有是因爲他們透過長期投資而獲得槓桿推力。一個典型的百萬富翁把收入的20%存起來，然後聰明地投資出去，年復一年，便積累了財富，這就是富人獲得和保持富有的方式——讓他們的金錢爲他們工作。

這就是創造收入和創造財富的巨大區別。創造收入是臨時性的，你必須要工作，否則你便沒有收入；創造財富是永久性的，你透過把時間和金錢爲你所用而擺脫「時間換錢」的陷阱。

讓我們面對現實，我們絕大多數人並沒有出生在杜邦（DuPont）或洛克菲勒（RockefeUer）家族。我們不是天才，如比爾・蓋茲或切克・芬尼，我們也沒有邁克・喬丹或湯姆・克魯斯的天賦。

我們經常假想財富創造是來自一輩子一次的樂透頭獎，它們僅限於超乎尋常的聰明人或超乎幸運的人，而不會屬於普通人家，例如你和我。

這實在太荒謬了？

我們不能屈服於那種自我設限的思維，這是垃圾思維。我們要把那些消極的思想扔進垃圾桶裏，現在就行動！

事實是，大多數人假設他們無法創造財富，而實際上他們能！大多數人沒有創造眞正財富的實際原因是，他們從來沒有意識到有一種創造財富的系統可由他們複製。換言之我們大多數人都一直模仿錯誤的計劃，因爲我們不知道可以模仿一個建立財富的典範，我們模仿了一般人所做的——工作！我們做大多數人所做的，所以我們得到了大多數人所得到的。

槓桿你的時間

現在，我明白只有極少數的人賺到足夠的錢，或有足夠的自律去做瓊斯先生

所做的，把自己的每月收入槓桿成一百五十萬美元。幸而，金錢上的槓桿並非唯一被證明是成功的創造眞正財富的方式。另一個創造眞正財富的方式是透過投資而不是浪費——來槓桿你的時間。

我們所有人都用過這個句子「時間就是金錢」。由於有了槓桿的力量，這句口號比以前任何時期都正確。顯然，我們每人擁有的金錢不一樣，但同樣的是，我們都確實擁有相同的時間。現在，我希望你們能明白本書的目的不是關於投資金錢來創造財富，它是關於投資時間來創造財富的。因爲當你投資適當時間就等於金錢。

無論是一個億萬富豪或是一個乞丐，我們每個人每天都有二十四小時，每週一百六十八個小時，每月六百七十二個小時，每年八千零六十四個小時。**創造財富的關鍵不是創造更多的時間，這是不可能的，關鍵在於充分利用我們現有的時間。**

幸運的是，我們所有的人今天都有辦法去槓桿我們的一部分時間（我們都擁有相同的數目）來創造眞正的財富，而不必槓桿我們的金錢（我們大部分人擁有不多）。

幸運的是，今天有一個槓桿系統能讓你用一點時間來換大量的美元，它不是一個線性系統，在那裏你用大量時間僅能換一點美元。

幸運的是，今天有一個簡單、可複製的系統能讓你槓桿你的時間和精力，而這一切幾乎所有的人都可以模仿。

你在模仿錯誤的系統嗎？

打工的奴隸

史密斯醫生確實賺了很多錢，但代價是他成了一個 pow a prisoner Of work（工作的囚犯）。他感到困惑、沮喪、生氣、不快樂，但並不知道應該如何才好。所以他不斷地回到這個循環裏，用時間來換錢，希望情況會好轉，但自己也知道不會有變化的。

這就是基於線性增長的收入所面臨的問題，如果你自己不親自做，工作不會自己完成。如果工作不完成，你不會有收入。獲得收入的唯一途徑是不停地工作，

上帝不允許油漆工人或醫生因生病或受傷而不能工作。

你的磨坊付出了什麼？

你怎麼樣？你是否也在時間換錢的磨坊上？如果是，你的磨坊付出了多少？

下面是一份常見職業及其平均年收入的清單，它源自於 Parade 雜誌的年度報告「人們賺多少錢？」。看一看你的每年報酬與其他職業相比如何？

一九九六年美國常見職業工資

醫院清潔工人	一七、〇〇〇元
中學教師	三五、〇〇〇元
公司律師	八五、〇〇〇元
秘書	一六、〇〇〇元
銷售代理	一〇、〇〇〇元
美國總統	二〇〇、〇〇〇元
報社記者	三二、〇〇〇元

旅行社職員　二八、〇〇〇元

醫生　一四一、〇〇〇元

牧師　二三、五〇〇元

會計師　三九、〇〇〇元

美國平均家庭年收入爲三八、九六二元

看到你的收入與全國其他工作的收入相比，你是否會覺得驚訝？當你把你的年收入與一個大公司的CEO（首席執行長）相比，你會更驚訝！看一看一九九六年CEO的收入與一個普通工人的收入相比較：

工人和CEO（首席執行長）的收入差距

一九九六年CEO收入＝三百七十萬美元

工人收入＝二萬美元

差距爲一八七：一

公司裏的一個人可值三百七十萬，而同一家公司裏的一個普通人僅僅值二萬，這難道不是很令人驚訝嗎？這是怎麼回事？你可以問問自己。

請明白，我並不是在鄙視求職者，我是陳述工作所得到的結果。如果工作能創造眞正的財富，我會第一個告訴你。但它們不能，這是冷酷的、無情的現實。

事實是，**只要你在模仿創造收入的系統，你永遠不能獲得眞正的財富，因爲它是基於線性增長而非倍數增長。**

用槓桿打破時間換錢的陷阱

我可以用一個詞來回答價錢的問題——槓桿。你知道，當一個典型的工人用時間來換錢時，他的收入只會以線性方式增長。一個單位時間相當於一個單位錢。這個工人百分之百靠他個人的努力來賺錢。

另一方面，CEO則通過他的僱員來槓桿其時間和才華。他並沒有單憑自己的努力來受薪，而是賺每一位僱員的一定比例，這就是J・Paul Getty所表達的意思：「我寧願賺一百個人的1%。而不去賺自己的百分之百。」所以槓桿如此有威力。你賺一大串人每人努力所得的一點點。HersheY 糖果是一個典型的例子。HersheY糖果每一塊的純利潤最多只有幾分錢。但每年全世界賣出數十億計的HersheY糖果。所以HersheY糖果的生產商——Man公司，每年能獲得超過十億美元的利潤，年年如此。所以Hershey的CEO賺得了大錢。

獨居老人和電鋸

槓桿的概念就像一個獨居老人和電鋸的故事。

一天，一位獨居老人從山上洞穴走下來，到一家五金店買鋸子。「我要建一座新木屋，」獨居老人自豪地對年輕店員喊道，「我要買一把最好的鋸子，價錢無所謂。」

店員立刻鑽進倉庫裏，一會兒，他拿著一把閃亮的電鋸走出來，「這是市場上最好的鋸子，」店員自信十足的說，「它砍掉一棵樹就像刀子切牛油那樣輕易，我保證它可以一天砍掉一個月用量的木材，否則我會親自用工資來退款給你。」充滿期盼的獨居老人付了錢，拿起閃亮嶄新的鋸子回到山上去。

正好一個月過去了，店員正忙著整理貨架時，他聽到獨居老人一路走一路怒吼，「喂，我要退還這把鋸子！還錢給我！」店員抬起頭來看這位獨居老人，差

點沒嚇暈過去。獨居老人看上去好像幾星期沒睡覺，他衣衫襤褸，浸滿血漬和汗水，彷彿是因工作而筋疲力竭的樣子。

「你、你、你、怎麼了？」店員結結巴巴地說，「你看上去太可怕了。」

獨居老人用盡所有力氣把鋸子舉到櫃檯上，憤怒地說：「這就是你賣給我的廢鋸子。你說它可以一天砍一個月用量的木材，但我已經用三十天了，居然連一天的用量也砍不了，退款！」

店員非常驚訝，連忙道歉說：「當然，當然，先讓我看看這把鋸子，可能我能發現哪裏出了問題。」

店員猛拉了一下拉繩，電鋸立刻發出轟鳴聲（B—R—R—R—R—R—R—R—R！）獨居老人從櫃檯邊連退幾步，好像是被槍打中似的，衝著轟鳴的鋸子喊道：「那是什麼聲音？」

你能想像用尚未啟動的電鋸去砍一棵樹嗎？怪不得獨居老人如此筋疲力盡。這個故事說明槓桿是一個非常有威力的工具，但前提是必須要應用它。

電鋸顯然是個槓桿時間和精力的偉大的工具。如果你曾經嘗試過用手去鋸一棵大樹，你會明白我的意思的。這個故事的諷刺之處是獨居老人已經手握著一個槓桿力量無比的工具，只不過是他不懂如何應用。換言之，他的失敗並不源於缺乏才華和努力，他的失敗原於缺乏知識。普通人也是如此。透過槓桿的力量，我們可以憑少量時間和少量力氣實現目標。我們實際上可以「一天內砍一個月使用量的木材。」但在充分發揮槓桿作用前，我們要具備調動它的知識，否則，我們就會像獨居老人一樣，仍更努力地用時間換錢，而不是更聰明地工作，槓桿我們的時間和精力。

這就是爲什麼在六十五歲的時候，一個普通人會窮困不堪，需依賴政府、家庭或教會救濟的原因，大多數的人模仿了一個線性計劃而不是一個槓桿計劃。

知識是第一步

透過在正確的情形下模仿正確的槓桿方式，我們可以搬動大山，成爲百萬富翁。

問題是，「你想模仿哪一種創造財富的系統？」

你想繼續模仿創造財富的線性方式，結果像那位獨居老人，用很多力量來換有限的報酬呢？還是想學那位年輕的店員，學會如何開啓槓桿的電鋸？

這就是你將要在下一章學到的內容：槓桿我們的時間和力量的有效方法，幫助我們擺脫時間換錢的困境，永遠擺脫，而獲得我們所應得的經濟獨立。

二、發掘你的財富凝聚力

一九六八年的春天，羅伯・舒樂博士立志在加州用玻璃建造一座水晶大教堂，他向著名的設計師菲力普・強生表達了自己的構想：

「我要的不是一座普通教堂，我要在人間建造一座伊甸園。」

強生問他預算，舒樂博士堅定而明快地說：「我現在一分錢也沒有，所以一百萬美元與四百萬美元的預算對我來說沒有區別，重要的是，這座教堂本身要具有足夠的魅力來吸引捐款。」教堂最終的預算爲七百萬美元。七百萬美元對當時的舒樂博士來說是一個不僅超出了自己能力範圍，甚至超出了理解範圍的數位。

當天夜裏，舒樂博士拿出一頁白紙，在最上面寫上「七百萬美元」，然後又寫下了字行字：

㈠、尋找一筆七百萬美元的捐款

㈡、尋找七筆一百萬美元的捐款

(三)、尋找十四筆五十萬美元的捐款
(四)、尋找二十八筆二五萬美元的捐款
(五)、尋找七十筆十萬美元的捐款
(六)、尋找一百筆七萬美元的捐款
(七)、尋找一百四十筆五萬美元的捐款
(八)、尋找二百八十筆二萬五千美元的捐款
(九)、尋找七百筆一萬美元的捐款
(十)、賣掉一萬扇窗，每扇七百美元

六十天後，舒樂博士用水晶大教堂奇特而美妙的模型打動富商約翰・可林捐出了第一筆一百萬美元。第六十五天，一位傾聽了舒樂博士演講的農民夫婦，捐出第一筆一千美元。九十天時，一位被舒樂孜孜以求精神所感動的陌生人，在生日的當天寄給舒樂博士一張一百萬元的銀行支票。八個月後，一名捐款者對舒樂博士說：「如果你的誠意與努力能籌到六百萬元，剩下的一百萬元由我來支付。」

第二年，舒樂博士以每扇五百美元的價格請求美國人認購水晶大教堂的窗戶，付款的辦法爲每月五十美元，十個月分期付清。六個月內，一萬多扇窗全部售出。

一九八〇年九月，歷時十二年，可容納一萬多人的水晶大教堂竣工，成爲世界建築史上的奇蹟與經典，也成爲世界各地前往加州的人必去瞻仰的勝景。水晶大教堂最終的造價爲二千萬美元，全部是舒樂博士一點一滴籌集而來的。不是每個人都可以建一座水晶大教堂，但是每個人都可以設計自己的夢想，每個人都可以攤開一張白紙，敞開心扉，寫下十個甚至一百個實現夢想的途徑。

你的財富夢想在哪裡？你打算怎樣來實現自己的財富夢想？也許，你會覺得這是一個非常難以實現的夢想，但是如果你一點一點來做，你一定可以慢慢找到實現自己夢想的方法，如果你連夢想的勇氣都沒有，你就不可能找到實現夢想的方法。

我想用一個八十八歲洗衣婦女的故事來講述這個道理。

她名叫 Osceola Mc Carty。這個使你張開眼睛來看看世界上最有威力、最民主的建立財富的槓桿方式，它叫「複合」，能把乞丐變成王子。

Osceola Mc Carty 一直過著艱苦的生活，從八歲開始，她被迫從二年級退學來幫助她母親洗燙鄰居的衣服。七十年後，她仍然是個洗衣婦女。她洗一捆衣服收費一・五美元或二美元——這是一個四口之家一個星期的衣服。一直到第二次世界大戰結束之後，她把收費提高到每捆十美元，即使在最景氣的年份，每天工作十小時，每週工作六天，Oseola Mc Carty 從來沒有一年賺超過九千美元。

Oseola Mc Carty 直到四十歲才有盈餘開始儲蓄。開始時她存的是一分一角，然後是五角、一元鈔票。她把存款放進一家當地的銀行，從此不動用它。多年過去，她的本金加上利息在不斷增加。

一九九五年夏天，Oseola Mc Carty 這位小學的退學者，從來沒有一年賺超過九千美元，竟然在南密蘇里大學捐獻了十五萬美元。

催生奇蹟的「複合」法

一個普通婦女，只有小學教育和微弱收入，怎麼會積累起一筆小財富呢？用 Oseola Mc Carty 的話來說，「建立財富的秘訣在於複合利息」。

韋氏大詞典對複合利息的解釋是「利息的計算是基於對本金和累計過往未支付的利息計算」。關鍵的詞是「累計」。如果本金或利息被花掉了，而不是再投資，複合的威力會大大減弱。

複合也被稱爲「倍增的概念」，它比歷史上所有個別投資工具創造更多的財富。透過複合，即使你不工作，你的金錢也會爲你而運轉。愛因斯坦這位對代數有一些瞭解的人，甚至稱複合爲「世界第八大奇蹟」。確實，複合是推動華爾街和銀行界的創造財富的系統。

倍數增長＝爆炸增長

究竟什麼東西令複合成爲「世界第八大奇蹟」？複合究竟有什麼力量使微薄存款變成小小的財富？答案是倍數增長，它是槓桿時間和金錢的終極工具！

你還記得我們曾討論了線性增長的局限。爲了有效地解釋倍數增長與線性增長之間的巨大差異，讓我們複習一些我們曾經在初中學過的基本代數原則。

線性指基本代數的一些功能，如簡單的相加。一個典型的線性等式是這樣

的：

$5+5=10$

線性因爲增加是在一條直線上發生的而得名，所以我們稱線性等式爲「僅僅是第一能量」的計算。

在另一方面，倍數是指一種比較高深的乘數方式，稱之爲「次方」。一個典型的倍數等式是這樣的：

$5^2=25$

倍數的稱呼來自一個數位右上角的那個數位，意味著根數位應該自我相乘多少次。所以我們把倍數等式稱爲「第二能量」或「第三能量」的計算。

底線是，線性增長是逐步和緩慢的，倍數增長是迅速和富戲劇性的。這裏有一個簡單的等式，當你投資你的時間和金錢時要時時牢記：

線性等於有限，倍增等於爆炸

大小人物的槓桿

透過複合的倍數增長之威力的最好例子，來自由一個全世界最有錢的人，華倫・巴菲特(Warren Buffet)創立的投資基金。如果你在一九五六年投資了一萬美元在巴菲特的 Bark—Shire Hathaway 基金，每年都把利息和分紅再次投入到基金裏，今天你的總投資額可高達八千萬美元！聽起來難以置信：對嗎？一萬美元的投資可以有八千萬美元的回報！但它就是利用複合的威力，讓你的財富年復一年地增長。看一看這些年來增長一百倍的公司：施樂、柯達、IBM、沃爾瑪、微軟，這只是一部分。如果你有先見之明、耐心和資金，二十五年前就投資在這些公司，你今天已經是富有的百萬富翁了。

Oseola Mc Carty 是我稱複合式「小人物的槓桿」的典型例子。另外兩種槓桿方式，僱傭和特許經營，我在前一章也談論過，當然是槓桿強而有力的工具。但你可能需要很多錢、或者很多能力才能駕馭它。

另一方面，幾乎所有的人都可以利用複合的巨大威力。**複合是創造財富的倍**

數系統的中流砥柱，是一個槓桿你的時間、才能、精力和金錢的有力方式。

美國實業家羅賓・維勒創業的故事，就能說明抓住時機、採用複合方式創造鉅額的財富，爲自己開闢一條通向成功的道路的道理。小人物和大人物都有自己的財富槓桿，利用這根槓桿，他們都能夠用自己的支點來撬動自己的世界，從而成爲一個帝國中的王子。

當全美短皮靴成爲一種流行時尚的時候，每個從事皮靴的業者幾乎都趨之若鶩地搶著製造短皮靴供應各個百貨商店，他們認爲趕著大潮流走要省力得多。羅賓當時經營著一家小規模皮鞋工廠，只有十幾個僱工。他深知自己的工廠規模小，要掙到大筆的錢誠非易事。自己薄弱的資本、微小的規模，根本不足以和強大的同行相抗衡。

而如何在市場競爭中獲得主動權，爭取有利地位呢？羅賓選擇了兩條道路：

(一)、在皮鞋的用料上著手。就是儘量提高鞋料成本，使自己工廠的皮鞋在質量上勝人一籌。然而，這條道路在白熱化的市場競爭中行走起來是很困難的，因爲自己的產品本來就比別人少得多，成本自然就比別人高了，如果再提高成本，那麼獲利有減無增。顯然，這條道路是行不通的。

㈡、著手皮鞋款式改革，以新領先。羅賓認為這個方法不失妥當，只要自己能夠翻出新花樣、新款式，不斷變換，不斷創新，處處占人之先，就可以打開一條出路，如果自己創造設計的新款式為顧客所鍾愛，那麼利潤就會接踵而至。

經過一番深思熟慮，羅賓決定走第二條道路。

他立即召開了一個皮鞋款式改革會議，要求工廠的十幾個工人各竭其能地設計新款式鞋樣。為了激發工人的創新積極性，羅賓規定了一個獎勵辦法：凡是所設計的新款鞋樣被工廠採用的設計者，可立即獲得一千美元的獎金；所設計的鞋樣透過改良可以被採用，設計者可獲五百美元獎金；即使設計的鞋樣不能被採用，只要其設計別出心裁，均可獲一百美元獎金。同時，他即席設立了一個設計委員會，由五名熟練的製鞋工人任委員，每個委員每月例外支取一百美元。

這樣一來，這家袖珍皮鞋工廠裏，馬上掀起了一股皮鞋款式設計熱潮，不到一個月，設計委員會就收到四十多種設計草樣，採用了其中三種款式較別致的鞋樣。立即召集全體大會，給這三名設計者頒發獎金。

羅賓的皮鞋工廠就根據這三個新款式來試行生產。第一次出品是每種新款式各製皮鞋一千雙，立即將其送往各大城市推銷。顧客見到這些款式新穎的皮鞋，立即掀起了一股購買熱潮。兩星期後，羅賓的皮鞋工廠收到二千七百多份數量龐大的訂單，這使得羅賓終日忙於出入於各大百貨公司經理室大門，與他們簽訂合約。因爲訂貨的公司多了，羅賓的皮鞋工廠也逐漸擴大起來，三年之後，他已經擁有十八間規模龐大的皮鞋工廠了。

不久危機又出現了，當皮鞋工廠一多起來，做皮鞋的技工便顯得供不應求。最令羅賓頭疼的情形是別的皮鞋工廠盡可能地把工資提高，挖走自己的工人，即便羅賓出重資，也難以把其他工廠的工人挖過來。缺乏工人對羅賓來說是一道致命的難關。因爲他接到了不少訂單，卻無法給買主及時供貨，而這將意味著他得賠償鉅額的違約損失。羅賓憂心忡忡。他又召集十八家皮鞋工廠的工人召開了一次會議。他始終相信，集思廣益，可以解決一切棘手的問題。羅賓把沒有工人可僱用的難題訴諸大家，要求大家各盡其力地尋找解決途徑，並且重新宣佈了以前那個動腦筋有獎的辦法。

會場一片沈默，與會者都陷入思考之中，努力搜索枯腸。過了一會兒，有一個小工人舉起右手請求發言，羅賓嘉許之後，他站起來怯生生地說：「羅賓先生，我以爲僱請不到工人無關緊要，我們可用機器來製造皮鞋。」

羅賓還來不及表示意見，就有人嘲笑那個小工人：「孩子，用什麼機器來造鞋呀？你是不是可以造一種這樣的機器呢？」那小工人窘得滿面通紅，惴惴不安地坐下去。羅賓卻走到他身邊，請他站起來，然後挽著他的手走到主席台上，朗聲說道：「諸位，這孩子沒有說錯，雖然他還沒有造出一種造皮鞋的機器，但他這個辦法卻很重要，大有用處，只要我們圍繞這個概念想辦法，問題一定會迎刃而解。」

「我們永遠不能安於現狀，思維不要局限於一定的桎梏中，這才是我們永遠能夠不斷創新的動力。現在，我宣告這個孩子可獲得五百美元的獎金。」

經過四個多月的研究和實驗，羅賓的皮鞋工廠的大量工作就已被機器取而代之。羅賓‧維勒的名字，在美國商業界，就如一盞耀眼的明燈，他的成功，與他時時保持銳意創新的精神是密不可分的。

小人物透過自己的努力可以變成大英雄，羅賓就是這樣一位英雄，最主要的變化必須依靠非常有力的槓桿才能實現，找到自己的支點，運用槓桿就能夠撬開一個巨大的財富世界！

看不見與實踐中的七二規則

爲了有效地解釋倍數增長令人吃驚的力量，讓我們來學一個稱爲「七二規則」的概念。七二規則是計算一個投資需要多少時間才能倍增的簡單公式。

它是這樣的：要計算你的投資需要多少年才倍增？首先你要決定年利率，然後用七十二除以利率，得到的數位便是你的投資倍增所需要的年份。

例如，假設你投資了一萬美元買一支股票，年回報率爲10％（在過去五十年中股票市場的平均年回報率）。

一萬美元的初始投資

10％的投資回報

七二÷一〇＝七・二年

所以，需要七・二年才能把你的一萬美元投資倍增二萬美元。

七二法則顯然是十分方便於計算的，但這個公式的結果絕對充滿奇蹟。

以上是倍數增長威力的生動描述，它也指出了線性增長的嚴重限制。開始幾年的增長兩者差不多，但因爲倍數增長是以幾何級數增加的，投資的增加變得越來越有爆炸性，最後的總數講出了眞相，線性增長產生了八萬元，而倍數增長則產生了一百三十萬元。

所以，倍數增長爲「建立財富的公式」。倍數增長能讓你的金錢以倍增的速度增加，而不是一步一步的緩慢增長。

第三章
腦袋決定錢袋

一、創意在於發現機會

時機會使整個世界改變，可惜誰也不能使時光倒流。機遇像幽靈般出沒於我們的周遭，我們唾手可得，但對於背著雙手踱步的人而言，機遇似乎從來就不會存在。機者，時機；遇者，碰到、看到。機遇正是兩者的結合，機會如空氣般瀰漫在整個的天空中，你看到、碰到才算是機遇。同時，機遇是一種可遇而不可求的運行狀態，偶然性是它的突出特徵，遇到的是機遇，未來的是奮鬥的結果。所以機遇是一種客觀的因素而和我們的主觀相去甚遠。機遇只是我們命運中的一些偶然，一些正常規則下出現的非理性的狀態。

機遇具有一種普遍性，任何地方，任何時間，都有機遇的存在，任何人無論是窮人還是富人，無論聰明的還是愚笨的，機遇從來不會選擇。它公正而無私的存在於每一寸空氣中。

機遇又具有感知性，這種規律我們無法確定周期，但是，我們卻有這樣一個

粗淺的印象，發生混亂的時候機遇就會增多，亂世出英雄嘛！戰亂是軍事人才的機遇，經濟秩序多變是投機商的機遇，政局動盪是政客的機遇。在空間概念上，大城市比小城市的機遇多一些，人多的地方機遇多一些，經濟發達的地方機遇多一些。當然，這種規律性只是一種直觀感覺的現象，其內涵我們還無從領略。

機遇還具有某種偶然性，必須性的東西在我們的意料之中，它只是一種事物發展變化的正常規律，我們可以去把握，去順應，而機遇往往只具有可能性極小的概率，在不經意間，在一回眸間，機遇或許已與我們擦肩而過了。我們在抱怨的同時，卻往往會忽略這樣一種情況，機遇是一種隱身人，它有時也許會不經意地撞到你的懷裏，有時就在你的身邊，你只是不曾發現罷了。

我們生活在機遇時代！

機遇時代就是一個能夠爲人的發展提供更多機會的新時代，它使人們能有更多的自由去選擇自己的命運，去改變自己的命運。在舊的時代舊的利益格局下，一個人的命運可能是固定的、卑賤的，永遠無法得到某些東西，永遠無法改變自身的生存狀態。而新的時代，則會給你提供這種可能。

機遇時代並不一定意味著太平盛世，相反，它往往是一個變革的時代，甚至是動盪的時代，舊的體制被打破，新的發展方向和前途又尚未確定，這是最需要人的創造力、想像力和勇氣的時刻。無疑，這就是一場最大的機遇，彷彿為你提供了一張白紙，讓你去畫自己認為最美的圖畫。所以，在歷史發生重大變化的那些關鍵時刻，也總是人才輩出的時刻。

回顧當代名人的成長史，我們不能不深切地體會到：沒有我們這個偉大時代所賜予的「良機」，就不會有他們的輝煌人生和事業成就。

然而，面對同樣的時代，只有那些能夠敏捷、透徹地理解了這個時代並且願意為之而付出行動、承擔風險的人才能夠把握住機遇，才能夠創造出機遇。

時至八〇年代，由於社會經濟結構的變革，那些才能之士的黃金時代便隨之而去，中國進入了個體私營經濟者的機遇時代。

而在這種機遇中首先脫穎而出的竟然是一些聲譽差、不體面的社會閒散人員。「閒人」有閒人的優勢：一是不受「單位」的制約，時間與自由度都較為充裕；二是許多閒人也有一定的文化素養，比如由於政治原因淪落為下層人士的「兩

勞釋放人員」；三是他們往往具有常人不具備的自主性、冒險性和吃苦精神；四是他們中有一部分具有一定的經濟頭腦。這些優勢正是把握機遇的主觀條件，在寬鬆的政策允許之下，他們的這些優勢便被淋漓盡致地釋放出來了。

中國北京中關村的電腦公司在一九九四年後有開有關，沒有抓住機遇的電腦公司很想搭乘末班車。然而事實是嚴酷的，此時，僅靠一些資金進行商貿，是無法再擠進電腦這個行業中的，充其量它們只能進行一些微小的資本積累罷了。如果硬闖，其結果必然是血本無歸。

機遇不是規律，它不訴諸我們的理性思維，任何試圖透過分析研討找出機遇的做法都是一種徒勞，他們所找到的只能是一種規律，而機遇則只能訴諸人的感性，只能憑感覺捕捉。大凡跟著感覺走而取得成功的人，幾乎都是捕捉機遇的高手。

華特‧麥克是一位傳奇式的人物，他曾於三○～四○年代，成功地經營了百事可樂公司，並把百事可樂推到了登峰造極的地步。一九七八年，他再度推出品牌，命名爲「國王可樂」，新聞界照樣出台捧場，可是，國王可樂仍然無法與百事可樂相提並論，沒多久公司就倒閉了。美國「假日飯店」的創辦人威爾遜，不久前推出了兩個連鎖旅館：「威爾遜世界旅館」與「威爾遜飯店」，經營一段時間後，情形非常不妙，極有可能破產。行家評論，假日飯店是美國公路旁的第一個現代化旅館，而威爾遜世界旅館與威爾遜飯店二者都不是第一。對於成功者來講，機遇是第一位的因素，然而，時過境遷之後再想尋找原來的時機，就不那麼容易了。

機遇垂青有準備的人

人生經營中，偶然的機會可能徹底改變一個人的人生。實際上，所謂的偶然性既然發生，就是一種必然性。

漢斯從哈佛大學畢業之後，進入一家企業做財務工作，儘管賺不少錢，但漢斯很少有成就感，沮喪的情緒經常籠罩著他。漢斯其實不喜歡枯躁、單調、乏味的財務工作，他眞正的興趣在於投資，做投資基金的經理人。

漢斯爲了排遣自己的沮喪情緒，就出外旅行。在飛機上，漢斯與鄰座的一位

先生攀談起來，由於鄰座的先生手中正拿著一本有關投資基金方面的書籍，雙方很自然地就轉入了有關投資的話題。漢斯覺得特別開心，總算可以痛快地談論自己感興趣的投資，因此就把自己的觀念，以及現在的職業與理想都告訴了這位先生。

這位先生靜靜地聽著漢斯滔滔不絕的談話，時間過的很快，飛機很快到達了目的地。臨分手的時候，這位先生給了漢斯一張名片，並告訴漢斯，他歡迎漢斯隨時與他聯絡。這位先生從外表來看，各方面都是一名普通的中年人；因此漢斯也沒有在意，就繼續自己的旅程。

回到家裏，漢斯整理物品的時候，發現了那張名片，仔細一看，漢斯大吃一驚，飛機上鄰座的先生居然是著名的投資基金管理人！自己居然與著名的投資基金管理人談了兩個小時的話，並留下了良好的印象。漢斯毫不猶豫，馬上提著行李，飛到紐約。

一年之後，漢斯成爲一名投資基金的新秀。

漢斯的例子可以充分說明，偶然機會對於人生營銷的重要意義和巨大的影響。同時也可以理解偶然機會中的必然性。漢斯由於鍾愛投資管理，因此與陌生人進行十分專業的談話，並且談了兩個小時，可見漢斯具有良好的基礎。如果漢斯不是特別著迷，也不會與陌生人談如此專業的話題，最多談一談天氣，或者籃球，然後睡一小覺。這樣就不可能獲得這個偶然的機會了。

機遇垂青有準備的人，所以請學會爲偶然機會做好準備！

你一定要相信，幸運之神隨時可能叩響你的大門！關鍵在於你是否已經做好了準備，如同漢斯一樣，營銷時代什麼事情都可能發生。

你爲自己的人生營銷做好規劃之後，必須爲自己的營銷活動做好所有的準備，處於隨時待命的狀態。

小董一直希望成爲公司的企劃主管，但似乎沒有這種可能，因爲小董的上司李經理爲了維護自己的位置，一直不給予小董表現自己的機會，所有的企劃案都自己操刀，小董很多優秀的創意往往被李經理佔用。

老虎也有打盹的時候。一天，李經理臨時有事請假，而這個時候老闆需要一份簡潔的企劃案。小董僅僅花了四個小時就完成了，而且是一份絕佳的企劃案，

老闆十分滿意，同時也記住了小董。

在這之後，每次做企劃案的時候，老闆都明確指示李經理與小董各做一份。三個月之後，李經理覺得沒有辦法再做下去，主動辭職；小董也就成爲了經理。

機會只給有準備的人。不要浪費你自己寶貴的時間去傾聽那些抱怨沒有機會的人。審視你自己，如果機會出現（比如有人給你投資），你能否把握？你是否已經做好了準備？如果沒有，就不要抱怨沒有機會。如果你覺得已經做好了準備，機會仍然沒有出現，那好，不要歎氣，機會的花朵肯定已在遠方盛開。

有了自己做的想法後，你會自覺地去學習許多東西，留心許多事情，這就已經是在尋找機會了。也許你會因此而在工作中付出更多，遠遠超過你的報酬。

更有價值的是，若干年後，你的付出會以加倍的形式回報給你的事業。今天的勞動，就是爲了明天的收穫。**一旦有了明確目標，學會駕馭你內心中深藏著的巨大能量，並能充分組織你已擁有的知識、經驗和技能，你會發現你的創造力是如此的驚人。**

還有一種特殊情況，他沒有自己創業的明確願望，卻在認眞地學習做人做事的原則和技巧，在他尙未明確察知自己身上聚集的力量有多大時，已具備了做老闆的實力。

這種人是天生當老闆的人選。那顆種子深伏在他心中，比如正確意見屢屢被廢，懷才不遇的憤怒一經爆發，「自己做」的念頭清清楚楚地跳出来，會讓他大吃一驚，甚至有驚心動魄的效果。在這種人身上，體現的是厚積薄發的力量。當然，他們很容易成功。

做好了準備，機會來了，就可以伸手抓住，如果沒有準備，再好的機會也沒有用，因爲你無法把握它。牢記未雨綢繆是良策。

你的鍋能盛多大的魚？

小李調到一個新單位，培訓時處長第一課說了一個故事。故事並不動聽，也並不富有情節，卻給人啓迪。

「一位主人好久沒有吃魚了，他吩咐他的僕人中午買一條魚回來清蒸。十二點鐘，開飯的時間到了，不見僕人叫吃飯。主人有些生氣。

僕人卻指著鍋兒對他說：『我已去市場買了幾次魚，即使這條最小的魚，你的鍋兒也放不下，我正在想辦法呢……』因爲魚大鍋小，那天的午餐，主人沒有吃到魚。」

處長接著說：「今天我們公司給你一條魚，如果你的鍋太小了，你也只能看著它而吃不到——」

從這件事，可以想起身邊的許多工作朋友，他們總是感歎命運不公，時運不濟，許多時候，總是嫌棄自己「鍋」中的「魚」太小，羨慕「大魚」，這種想法本身是一種積極向上的美好因素。然而這也正是許多人的悲哀，因爲他們只知道羨慕，卻不知道擴充自己的「鍋」，當有一天，公司給他一條「大魚」時，他會因自己「鍋」小而眼睜睜地與這條「魚」失之交臂。

出門在外，以求更大發展。工作的生活，辛酸中夾雜著痛苦，而眞正的最大的痛苦卻在於有「大魚」垂青或者降臨時，因自己的知識淺薄、才能平庸而把握不住。所以，工作的朋友們，在艱辛的工作之後，在適當的放鬆和調節之後，千萬別忘了充實自己。

機遇是一條魚，是一條誰都無法預測大小的魚。多看書報多學知識技能，把自己的「鍋」擴充得大一些再大一些，不怕無魚，就怕「魚」大「鍋」小望著沒法吃……我們懂得了這個道理，就應該在以後的歲月中去珍惜每一個學習的機會，每一種能力的培養，哪怕是雕蟲小技、旁門左道，這些東西在今天我們也許用不上，甚至於一輩子也用不上一回，可是一旦機遇來臨，不知道哪年哪月的哪一天，它就是我們命運的一次重大轉折。

二○○四年的夏天，一位大學剛畢業到北部大城市求職的青年，在碰夠了釘子之後，他站在一家外商人事部的招聘桌前。一位戴著眼鏡的中年人用英語問了一些淡如白水的諸如「你爲什麼要來本公司？」的客套話，而他用不流利的英語回答之後，中年人點點頭，拿出一個包裝紙盒，問他：「這是用來裝什麼的？」他接過來，仔細看了看，外面的說明是用英文寫的，但關鍵字即盒子所裝的內容卻是一個他從未見過的名詞。

正在一籌莫展的時候，他瞥了一眼紙盒的另一面，另一面對應的是一篇日文說明，相關部位的日文正是他再熟悉不過的了，他脫口而出：「葡萄乾。」

招聘者臉上露出會心的微笑，用手指了指後面的總經理辦公室——他過了第一關。很多英語遠比他流利得很多的俊男靚女卻因爲這個名詞而被擋在了門外。

還有另一個音樂界的故事，有位名叫麻紗木的音樂家，某日橫越紐約市某條街道時，被一輛豪華轎車撞倒在地。「誰？」合唱團的首席歌手羅傑・戴特裏從車上跳下來，協助身體蜷曲成一團的傷者離開馬路，問他是否無恙？

麻紗木只是受到一點驚嚇，並無大礙，但他擔心袋子裏的一卷展示帶可能會受損。戴特裏於是邀麻紗木上車聽聽這卷帶子，以安撫他的情緒，沒想到聽了之後，大吃一驚。

根據戴特裏的說法：「那支帶子好聽得令人難以置信。」由於這場巧遇，麻紗木在戴特裏及他的樂團所錄製的音樂帶中軋上一腳，唱了好幾首歌，而使CD帶子空前暢銷。

後來有人請麻紗木爲年輕有潛力的音樂家指點成功之道，他答稱：「去給大明星的轎車撞一下。」

他眞是幸運。但這位不幸被撞的幸運兒，若本身未具備適當的才華，未做好相關準備，即使遭遇同樣狀況，恐怕也無法帶給他相同的成功機會，得以在樂壇出人頭地。麻紗木當時已經做好準備，隨時可以迎接好機遇，掌握迎面而來的好運道。這個例子再度證明，預做準備功效無窮。機遇只青睞那些有準備的人，機遇來臨時，我們有備而戰，自然有十分的勝算。

發現機會就是發現寶藏

機遇不會孤立的存在，也不會從天上掉下去，憑藉你一雙慧眼，就能夠看到無處不在的機遇。我們在人生道路上走得太匆忙了，有時顧得了走路顧不得看路，當有些人看到某些難以判定的事物時，匆匆走過去，也許就與機遇失之交臂了，如果停下來瞧一瞧，或許你就看清楚躲在路邊的原來是人生的一個機遇。停下來瞧一瞧或許你會比別人慢了一點，但如果路邊是一輛腳踏車呢？

有人問海倫·凱勒，人生最不幸的是什麼？她答：「有眼睛卻看不見。」體會思維上的抓拍不需照相機，什麼也不需要，只需去看、去觀察、去欣賞的意願。況且，「取景器」大小由之。有的時候，看小東西也挺有趣。你是否凝視過百合

花的花蕊？你在吃香蕉時有否細看過香蕉粒的排列狀況？或者觀察冰塊中央的星狀進裂痕？威廉・布雷克說：「從一顆沙粒裏看世界，從一朵野花裏見天國。」可見，他並沒誇大其實。

我們只看想看的東西，卻不去注意實際存在著的世界。我們每天端鏡自視，肯定鏡中的映射與臉盤大小相等。但你若弄點皀液將鏡中映射的輪廓描摹下來，你會發現這橢圓形只有你臉的一半大小。你隨意後退幾步對鏡自視，鏡中的形象依然與你剛才畫的那個橢圓形相吻合。

畫家莫裏斯・司特恩說：「我並不一味教導我的學生畫模特兒，而是試圖教他們去看。因爲觀察力才造就藝術。」同樣的道理，觀察力可以發現別人難以發現的機遇。溫斯頓・邱吉爾在視察斯卡帕佛洛海軍基地時，緊盯住那些用來迷惑德軍轟炸機而停泊在港口的假軍艦和假航空母艦。突然，他轉頭對自己的侍衛說道：「這些假貨有問題，四周沒有一隻海鷗，敵軍飛機馬上就會發現眞相。」他下令扔些食物在假貨周圍以吸引海鷗。

作家卡爾・凡・多倫在康乃狄克州避暑時，訪問過一個道地的美國農夫，他隱居在樹木繁茂的山坡一間棚屋裏，是個半盲人。「你能見到雲的陰影朝我們飄來吧？」農夫問道，「你若仰首頭觀望的話，你將見到這些陰影如何使山谷一直變化著。有時雲的陰影非常從容緩慢，今天它們移動起來如同一陣風。它們是我觀賞的運動著的繪畫。」

卡爾凡・多倫說：「當我抬頭觀望時，又一片陰影越過了山脊，沿著長長的山坡滾動，將一排排楓樹染成墨綠色，陰影掃遍沼澤和草地，使其變得乾涸深沈，最後從我們頭頂掠過，猶如瑟瑟作響的風聲。我屏息靜氣，心馳神往。如此的雲層陰影想必整個下午從我們頭頂上飄然而過，可是我木然無知。一個連近旁東西都看不清的安詳老者，卻依然能夠看見那麼多令人耳目一新的大自然的壯觀奇景。以個人的獨特方式觀察世界，便能發現在這個世界上，幾乎處處存在著機遇，同樣一種事物，從不同的視角去看形狀不同，同樣一種事物，從一個角度看上去是災難，換一個角度看上去可能就是機遇。」

坐下來想一想!!

……，李維・史特勞斯也來到

這個巨大……的資金，而是他原來經營的

線團之類的縫紉……用的帆布。

一到目的地，綠……使他熟悉了當地的裁縫，帆布卻乏

人問津。李維沒有投入淘金……靜地觀察眼前千變萬化的情況。李維

靜靜地等待著，他相信，他面前……他所尋求的機會。

這機會終於被李維等到了。

一天，李維和一位疲憊不堪的礦工坐在一起休息，這位井下礦工抱怨說：「唉，我們這樣一整天拼命地挖、挖！吃飯、睡覺都怕別人搶在前頭，褲子破了也顧不得，這個鬼地方，褲子破得特別快，一條新褲子穿不了幾天就可以丟了……」「是嗎？如果有一種耐磨耐穿的褲子……」李維順著他的話說到一半就呆住了。帆布不正是最耐磨的布料嗎？對！就這樣！他一把拉住那個礦工起身就走。

李維把礦工帶到熟識的裁縫店裏，對裁縫師傅說：「用我的帆布給他做一條方便井下穿的褲子，你看行嗎？」「當然可以。最好是低腰、緊身，這樣既方便工作，

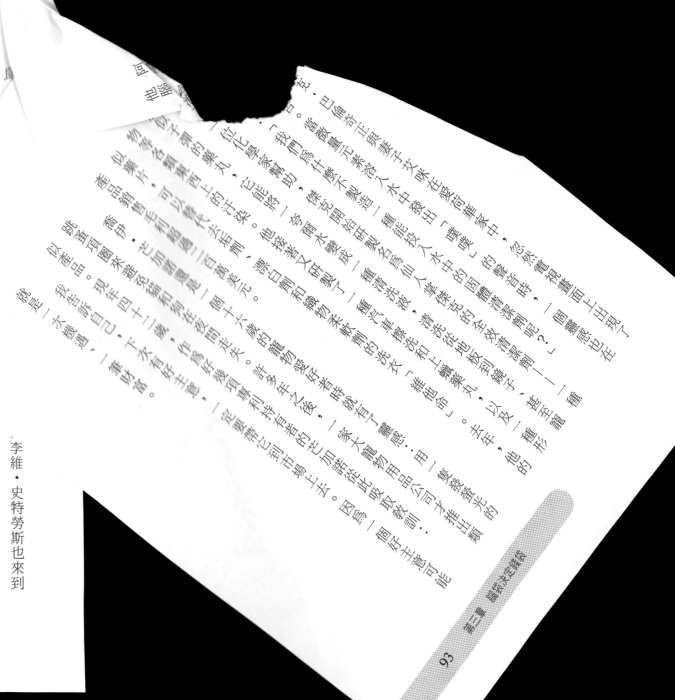

看上去又瀟灑俐落。」裁縫師傅出主意道。「行，你看著辦好了，一定要結實。」

第一條牛仔褲的前身——工裝褲就這樣誕生了。由於它美觀、方便、耐穿，深受礦工歡迎。在此基礎上，李維不斷地改進和提高工裝褲的品質，逐漸演變成一種新時裝——牛仔褲，從加利福尼亞礦區推向城市，從美國推向全世界。李維成了聞名於世的「牛仔褲大王」。

如果當年李維不假思索地投入了淘金角逐，而不是「以靜待嘩」，冷靜觀之，尋找自己的突破點，那麼「牛仔褲大王」恐怕就不是李維了。從亞默爾和李維的發財經歷中我們可以得出一個結論：做事情要有自己的想法，要敢於在沒有路的地方開闢出一條新路來。開闢新路既需要有一定的勇氣，也需要有創新精神。要創新，首先必須改變自己的思維方式，在前一條路走不通的時候，換個角度看問題，從習以為常的事物中發現新的路徑。這兩人改變了自己舊有的兩個想法：㈠、只有淘金才能發財；㈡、要發財就必須發大財。他們選擇了賣水與賣褲子這兩條路。賣水、賣褲子雖然賺錢不多，但不需要多少本錢，而且競爭者少，市場容量大，積少成多，照樣可以發大財。亞默爾和李維的致富之道在於抓住了一個

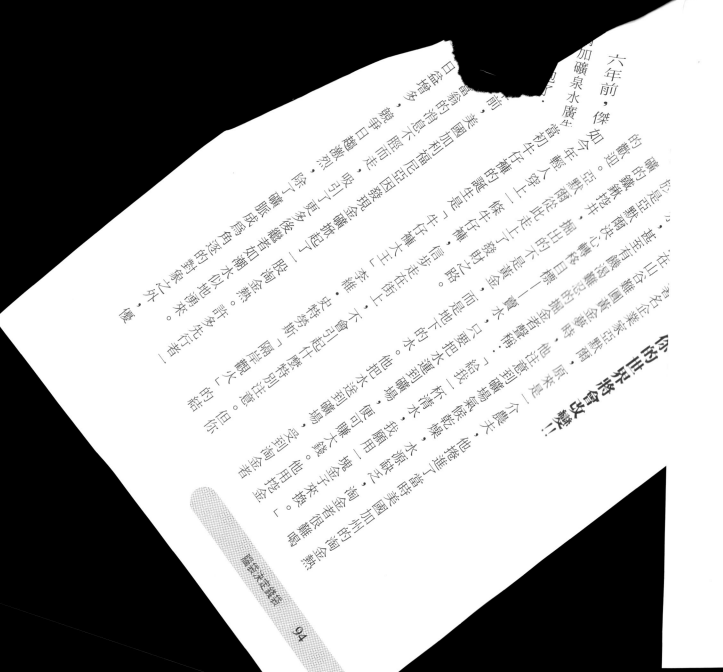

小小的機會，以及他們的腦子轉得很快。所以，生財的路子很多，端看你會不會抓住瞬間即逝的機遇。

看看網路熱中的「賣水者」!!

在網際網路經濟最狂熱時，大量的投資者湧入這一領域。一個網站，包裝一個概念，就可以就地圈錢，甚至聲稱能夠上市。人人視新經濟爲一座金礦，何時開採，都會有所收穫。誇張地說，投資一個網站，在所費成本後面加一個零，轉手就可以賣掉。泡沫越吹越大，最終導致網際網路冬天的到來，許多投資者被套牢。有一句笑話：「如果你愛一個人，就讓他去投資網際網路，因爲網際網路是天堂；如果你恨他，也讓他去投資互聯網，因爲網際網路是地獄。」正是網際網路近年來發展歷程的某種寫照。

雖說「網站經濟」造就了諸如「亞馬遜」、「雅虎」這樣的經濟奇蹟，但這在難以計數的全球網站創始人及投資者中畢竟還只是極少數。而在網路大戰中擔任「賣水」角色的思科、IBM 卻是依靠了出售網路設備而發了大財。同樣在中國，由於網際網路的快速發展，上網人數年年激增。現今人們購買電腦最主要的原因之一就是爲了上網。網路設備提供商首先獲得了巨大商機。對 PC 終端、網路設備、協定和應用軟體的需求大大增加；網路飛速發展又帶動接入服務需求增長，提供撥號接入、ISDN、WAP、DDN 和衛星接入等需求自然隨之強勁增長。倒是網站尚未賺錢，上網用戶或許只是剛嘗到點甜頭，而網路設備提供商的腰包已經鼓起來了。網路大戰中「賣水者」還有那些應用軟體發展企業。不論你是用電腦上網，還是用手機上網，也許今後還有更多的人會用電視機上網，都離不開有關的應用軟體支援。上網用戶激增意味著「買水」客戶群擴大，「賣水者」發財也就是理所當然的。

最具諷刺意味的「賣水者」是傳統媒體，網站經濟最狂熱時，有人聲稱，網際網路的出現是傳統媒體的終結者。可是在二〇〇〇年網路狂潮中，各類網站爲擴大知名度，提高點擊率，在傳統媒體上大做廣告，倒成了傳統媒體廣告收入的新增長點。

走出去碰一碰!!

機遇不是紳士，不會主動把手伸給你，你要想尋找機遇，最好的方法還是走出去碰一碰運氣，或許，就在不斷的碰運氣中眞的碰到了運氣也說不定。

唐曉紅，是中國大陸改革開放後江蘇省首批期貨經紀人中極少數的女性之一。她通過了美國期貨協會（NFA）的系列考試，是大陸首批國家註册經紀人，現任蘇州通寶期貨經紀有限公司總經理助理、通寶南京分公司總經理。

說來也奇怪。她的家庭背景、原來所學專業與期貨毫無關係。她一九八三年畢業於華中工學院固體電子系。畢業後，分配到荊州電子研究所工作，後考入地區外貿局當了外貿業務員。

一九九二年六月，她來到南京休探親假。這天，一個朋友帶來了一個資訊：江蘇省第一家合資的期貨公司，招收首批期貨經紀人。

機遇不是紳士，不會主動向你招手，得自己抓住它。她相信這句話，跳起來就去了招聘處。不料，這已是報名面試的最後一天。預計招聘一百人，報名者達

四千餘人，且四千個號碼牌已發完。別說應聘，連報個名，拿一個號碼牌的機會都沒有了。守門的兩名警衛，見她沒有號碼牌，連院子的門都不讓她進入。她的個性特點是富於挑戰性。越是不可能她越是想試試。「請給我一次機會，讓我試試。」她對警衛軟硬兼施終於進入了院子。

機會來了，一個白蒼蒼的老者，拎著一大包資料進來，她料定老者會很快「碰壁」回頭，便盯住了房門。果然，一分來鐘，老者出來了，手裏還拿著號碼牌。她至今也不知是面試者根本不收回號碼牌呢？還是老者被拒絕得太快沒來得及繳交號碼牌，反正她抓住這個機會笑著迎了上去，請求老者把號碼牌給她。

她拿到了號碼牌，又擠入人海忙填表。報名費十元。她一摸口袋，眞幸運！正好有十元。要照片，她翻出了工作證，不計後果地撕下上面的照片貼到報名表上。面試了，別人扭扭捏捏你推我讓不敢進去，她推門而入。香港來的老闆第一句話便是：「妳知不知道期貨？」她堅定地說：「知道！」說著，充滿自信地介紹了自己的學歷、特長、信心……她看到她的報名表被放到小的那一堆中，她直覺她的自信已感染了老闆，機遇已經向她姍姍走來。

機遇如風般掠過，如水般流走，而這從我們身邊匆匆而去的機遇有時就等於一夜的暴富，有時等於傾國傾城的愛情，有時等於升職的佳音，是的，機不可失，失不再來，所以在此向讀者最後提醒一句：學會抓機遇。

認識機遇隱身人!!

機遇的產生，一開始是帶有隱蔽性的，並且介入有風險，沒有明確的法規保障，不能爲常人所察覺。當機遇來臨時，一個人能否把握並駕馭它而走上成功，除客觀條件外，還要有睿智的頭腦，有遠見，敢爲天下先，並且操作快速，只有這樣，才有可能不與社會性的成功大機遇擦肩而過。

一些房地產商的成功，使很多人迫不及待地將注意力集中到房地產上。各色人等，紛紛籌措資金購買地皮。房地產幾乎一天一個價。一九九二年，海南的房地產翻了一番，在一月到四月份，平均上漲率在40%以上。於是，越來越多的人來搖這棵「搖錢樹」。很多人都希望將土地留在手裏，等再漲一點再出手。由於更多的人參與，房地產市場機遇也達到了其高峰。在這一市場剛剛確立之初抓住機遇的人們都成了房地產市場中的大亨。

在美國的玩具市場上，首屈一指的就算是「椰菜娃娃」。就是這個身長四十釐公尺的「椰菜娃娃」，使得人們在耶誕節前後，冒著寒氣逼人的北風，在玩具店前排起長龍，競相「領養」。原來，這是奧爾康公司的總經理羅勃所創造的一個別出心裁的推銷術。幾年前，一場「家庭危機」的潮流掃蕩了美國社會，破碎的家庭愈來愈多，父母離異給兒童造成了心靈創傷，也使得不能撫養子女的一方失去了感情的寄託。爲了彌補這方面的感情空白，羅勃決定開發「椰菜娃娃」，要讓這種娃娃成爲人們心目中眞正的嬰兒。

他根據歐美玩具市場正由「電子型」、「智力型」轉向「溫柔型」的趨勢，採用先進的電腦技術，設計出了千姿百態的「椰菜娃娃」。這些娃娃具有不同的髮型、髮色、容貌、服飾，可供人們任意「領養」。

羅勃親自出征，周遊各地，在各大城市，親自或派代表主持兒童博物館舉行的「集體領養椰菜娃娃」儀式。每舉行一次「領養」儀式，都會在舉辦城市掀起一股領養「椰菜娃娃」的熱潮。有的婦女竟一個人「領養」了近百個「椰菜娃

娃」。

絕妙的是奧爾康公司還銷售「椰菜娃娃」相關的商品，例如：娃娃用的床單、尿布、推車、背包和各種玩具。既然顧客「領養」娃娃時，把它作爲眞正的嬰兒和感情上的寄託，當然要購買娃娃必不可少的用品。

從這些獨特的創新中，奧爾康公司賺取了高額利潤，僅在一九八四年一年中，銷售額就超過十億美元。

二、創造機會可以成就神話

追求天下財富，人之本性。聖人也曾感歎：「富而可求也。雖執鞭之士，吾亦為之。」您琢磨發財致富，連聖人都這麼起勁，何況咱們這些猶如恒河沙數的芸芸眾生了。於是乎，世人便在神話中編造出最能代表人類慾望的發財致富的寶物——搖錢樹。可是，在現實世界裏，搖錢樹到底在哪裏呢？

有一則故事，說一家著名的跨國公司高薪招聘營銷人員，應聘者趨之若鶩，其中不乏碩士、博士。但是，當這些人拿到公司考題後，卻都面面相覷，不知所措。原來公司要求每一位應聘者，在十日之內，盡可能地把木梳賣給和尚，為公司賺得利潤。

出家和尚，剃度為僧，六根已淨，光頭禿頂，要木梳何用？莫非出題者有意拿眾人開心？應聘者作鳥獸散。一時間，原先門庭若市的招聘大廳，僅剩下A、B、C三人。這三人不畏艱難，奔赴各地，闖江湖，賣木梳。

期限一到，諸君交差。面對公司主管，A君滿腹委屈，涕泗橫流，聲言：十日艱辛，木梳僅賣掉一把。自己前往寺廟誠心推銷，卻遭受僧侶苛責，說什麼將木梳賣給無髮之人心懷惡意，有意取笑、羞辱出家之人，被趕出山門。歸途之中，偶遇一遊方僧人在路旁歇息。因旅途艱辛，和尚頭皮又髒又厚，奇癢無比。自己將木梳奉上，並含淚哭訴。遊僧動了惻隱之心，試用木梳刮頭體驗，果然解癢，便解囊買下。

B君聞之，不免有些得意。B君聲稱，賣掉十把。爲推銷木梳，不辭辛苦，深入遠山古寺。此處山高風大，前來進香者，頭髮被風吹得散亂不堪。見此情景，靈機一動，忙找到寺院住持，侃侃而談：莊嚴寶殿，佛門淨土，進香拜佛，理應沐浴更衣。倘若衣冠不整，蓬頭垢面，實在褻瀆神靈。故應在每座寺廟香案前，擺放木梳，供前來拜佛的善男信女，梳頭理髮。住持聞之，認爲言之有理，採納了此建議，總共買下了十把木梳。

輪到C君彙報，只見他不慌不忙，從懷中掏出一份大額定單，聲稱不但已經賣出了一千把木梳，而且急需公司火速發貨，以解燃眉之急。聽此言，A、B兩人嘖嘖稱奇，公司主管也大惑不解，忙問C君如何取得如此佳績。C君說，爲推銷木梳，自己打探到一個久負盛名、香火鼎盛的名爲寶寺。找到廟內方丈，向他進言：凡進香朝拜者無一不懷虔誠之心，希望佛光普照，恩澤天下。大師爲得道高僧，且書法超群，能否題「積善」二字並刻於木梳之上，贈與進香者，讓這些善男信女，梳去三千煩惱絲，以此向天下顯示，我佛慈悲爲懷，慈航普渡，保佑眾生。方丈聞聽，大喜過望，口稱阿彌陀佛，不僅將自己視爲知己，而且共同主持了贈送「積善梳」首發儀式。此舉一出，一傳十，十傳百，寺院不但盛譽遠播，而且進山朝聖者爲求得「積善梳」，簡直擠破了腦袋。爲此，方丈懇求自己急速返回，請公司多多發貨，以成善事。

若按常理，想將木梳賣給和尚賺錢，簡直是天方夜譚。但若換一種思想，就能「柳暗花明又一村」，從不可能的商機中，開發出廣闊的潛在市場，挖掘出發跡致富的生財之道，思想創造財富的能力是難以想像的，思想觀念的更新帶給人類的進步更是超越任何束縛。

把木梳賣給和尚，這看起來根本就像神話，但是智慧有時候可以點石成金。

正是智慧的策劃才成就了一個個神話。智慧是一個魔袋，袋子雖小，卻能從裏面取出很多東西來，甚至能取出比袋子大得多的東西。

有一家生產圓珠筆管的廠家遇到一個難題：他們生產的圓珠筆在其內的油還未耗盡前網珠就掉了。這家工廠召集了許多高級技術人員來探討怎樣延長鋼珠的壽命，結果實驗全都失敗。

正當廠長束手無策時，一個老工人站出來說，讓我試試，老工人最後提出建議：減少筆管內的油量，那麼在鋼珠壽命結束前，筆油已用完。廠家的難題迎刃而解。智慧也如阿里巴巴故事中的魔咒：芝麻開門，讓思維的火花迸放。

如果要問現實世界的搖錢樹在哪裏？其實，就存在於每個人的頭腦之中。善於創造機會的人是眞正的英雄，他們常常是神話的主人翁！

腦袋致富是未來趨勢

美國未來學家艾文・杜佛勒（Alvin Toffler）在《大未來——權力的轉移》一書中指出：「未來權力的定義爲：一個人是否有快速傳輸知識給他人的能力。」

這種快速傳輸知識的能力，就是目前快速發展的營銷模式、電視傳訊、辦公室自動化、各式各樣連銷店快速服務及營銷事業組織所構成的資訊與行銷革命。

因爲「知識就是力量」、「有知識才有發言權」、「有知識才有影響力」。在未來二十一世紀，誰擁有市場，誰就擁有財富與權力。這個「市場」可以說就是一個「賴以生存發展的領域」，對一個執政者而言，就是廣大民意的支持；對一個企業而言，就是商機命脈所在；就個人而言，就是立業成功的契機。

哲學家普羅斯特（Marcel Prost）曾說過：「眞正的發現之旅，不在尋找世界，而是用新視野看世界。」世局瞬息萬變。現代人在面對未來新世紀的挑戰時，首先要改變自己的思想觀念，與時俱進；不能故步自封、抱殘守缺，更不能一成不變、裹足不前。而必須以新思想、新觀念、新視野來迎接新世紀的來臨。

最近看到一本雜誌，在扉頁中有一段文字寫到：「**有了知識，我們才得到財富；有了財富，我們才得到自由。**」可見思想觀念可以決定人的一生。現代人要靠領薪水致富，恐怕難如登天，靠思想觀念致富則是一條捷徑。世界首富微軟公司董事長比爾·蓋茲，就是一個靠腦袋致富的典型例子，他擁有比別人先進的觀

念，將許多別人想不到的想法及創意，化爲電腦軟體程式，而在電腦資訊界獨領風騷，也賺進億萬財富。

所以，**「億萬財富買不到一個好的想法觀念，一個好的想法觀念卻可以賺進億萬財富」**。未來，一個人想要富有的生活，簡而言之，就是要靠腦袋致富，而不是靠勞力領薪水過日子；要靠組織網路倍增財富，而不是靠單打獨鬥賺血汗錢。

每個人都想過富有（不止是金錢富有，而且包括精神、友情、愛情、親情及健康的富有）而隨心所欲的生活，但這種自由自在的生活方式的取得，無論靠勞力或腦袋，都絕對不是不勞而獲，突然從天而降的，而要經過一番努力，才能辛苦獲得；有時窮畢生奮鬥，卻也不一定能如願以償。

貧窮的根源在心靈

追求財富是眾人的願望，但眞正發財的人常常是少數，是否命中注定了只有少數人能夠發財，而眾人則只能陷於貧窮，對於這一點我只提供自己的觀點：在財富面前，人人生而平等，人人都具有發財的可能，按照佛語講，就是人人皆可成佛。那麼，爲什麼衆多的人陷入貧窮呢？這就要研究貧窮的根源。對於貧窮的根源，不想做深入、細緻、全面的理論研究，只想談一點自己的感悟。

貧窮的根本原因不在於外，而在於自身。人人同在藍天下，環境是相同的，而每個人的心靈是不同的，心靈才是一個人成爲貧窮或富翁的根源之所在。

貧窮的心靈是這樣一種心靈，他看事情總是不可能，總是有風險，總是會失敗，他的心靈似乎就只爲不可能、風險、失敗而生，心靈偏愛於不可能、風險、失敗。正因爲這樣，可能、機會、成功總是在他的視野之外，試問這種心靈怎麼能不使人陷於貧窮。

貧窮的心靈偏愛不可能、風險、失敗，他們內心充滿了畏懼，他們的心靈是一個封閉的心靈，他們總是恐懼外界的變化。他們企圖自保，而不願創新，他們的心靈中充滿了不可能、風險、失敗，因而他們不敢創新，只停留在已有的事物上，世界卻在大變化、大前進，那麼，他們怎麼不可能貧窮呢？

貧窮的根源在於一個偏愛不可能、風險、失敗的心靈。無人甘於貧窮，貧窮是一種恥辱，使人失去尊嚴，人人都希望遠離貧窮，但必須徹底改變貧窮的心靈

——不可能、風險、失敗。與貧窮的心靈相對應的就是財富的心靈，財富的心靈是充滿可能、機會、成功的心靈。這種心靈認爲財富、地位、名譽、愛情、成就等一切人之欲望的東西只要合乎眞、善、美都是完全可能的。財富的心靈看待世界是財富多多、機會多多。

在美國有一間鞋子製造廠。爲了擴大市場，工廠老闆便派一名市場經理到非洲一個孤島上調查市場。那名市場經理一抵達，發現當地的人們都沒有穿鞋子的習慣，回到旅館，他馬上拍發電報告訴老闆說：「這裏的居民從不穿鞋，此地無市場。」

當老闆接到電報後，思索良久，便吩咐另一名市場經理去實地調查。當這名市場經理一見到當地人們赤足，沒穿任何鞋子的時候，心中興奮萬分，一回到旅館，馬上電告老闆：「此島居民無鞋穿，市場潛力巨大，快寄一百萬雙鞋子過來。」

同樣的境況，卻有不同的觀點與結論。其實，當我們經常往壞的或不可能的方面去想的話，我們將錯失許多「成功的機會」。相反的，我們一直往好的、積極的方面去思考的話，我們就會挖掘出許多令人意想不到的機會，即使是危機也可能藏著一線機會。

只要敢於夢想，誰都有機會!!

一九七八年，斯蒂文‧喬布斯和沃茲尼克亞決定製造一台供普通人使用的電腦，這對他們來說，並不是一件容易的事。對他們來說，一切都成問題。但最主要的問題是錢。他們的財產除了自己，只剩一輛老掉牙的大牌汽車。於是，他們賣掉了汽車，得到一千五百美金。這是他們全部的流動資金。這點錢除了購買必要的設備，其他的一切無從談起，比如說工作間。幸好他們找到了一個破舊的車庫。正是在這個車庫裏，他們成功地生產出了第一代蘋果個人電腦。IT巨人蘋果從此誕生了。它的搖籃只是一個車庫。

一九三八年，兩位史丹福大學的畢業生惠爾特和普克德，加入了尋找職場的人群中。在體會了求職中的辛酸後，他們決定自己創業。兩人湊了五百三十八美元，在美國加州辦了一家公司，公司的名字是兩人姓的第一個字母的組合——惠

普。以後的事情大家都知道了——惠普後來成爲美國電子零件和檢測儀器最大的供應商。而且，惠普的資產高達三百多億美金。當然，它的搖籃也是一個車庫。

兩個從車庫裏成長的公司傳達出這樣的資訊：創業時總是離不開艱苦奮鬥的。除此之外，一個重要的問題是，如果現在還選擇和上面幾位同樣的做法，會取得成功嗎？我可以肯定地說：不會。原因很簡單：他們所從事的行業，現在進入的門檻很高。如今，很多行業都有門檻。門檻意味著進入時的難易程度。舉個例子來說，在現在的中國，如果有人想進入電信行業，那麼，首先需要的是近似天文數字的資金；其次，還需要獲得有關部門發放的營運執照。在這樣的行業裏，要想從小公司一步一步地成長爲大公司，顯然是不可能的。

有人說，現代社會留給年輕人白手起家的機會已經不多了。因爲越來越發達成熟的行業，已經提高了行業進入的門檻。這話有一定的道理，但並非全部。因爲，並非所有的行業都有高高的門檻。門檻不高的行業仍然存在，而且爲數不少。門檻高低是創業時一個必然考慮的問題。那些需要資金最少、專利保護最少、無需太多技術含量的行業，意味著進入的門檻最低。創業者，應該選擇的也是這樣的行業。

上個世紀五〇年代的美國和八〇年代的中國，都曾經有過一陣「呼啦圈」熱。滿街都是玩「呼啦圈」的人們——據說「呼啦圈」對健康有益。因為沒有人對「呼啦圈」擁有專利，同理，又不需要很高的技術，幾乎所有的人都可以進入這一行業。一些擁有必要設備和人力的小公司開始生產「呼啦圈」，並迅速獲得了大量的利潤。

一般說來，新興的行業進入的門檻通常不高。斯蒂文‧喬布斯和沃茲尼克亞進入的是**IT**業，而惠爾特和普克德進入的是電子零件業，在當時都是新興行業。而老行業也並非沒有機會，在商業和餐飲業，同樣有創業的機會，而且做大的可能性很大。所以，除了進入那些門檻低的行業之外，創業者如果能處在一個創業的環境中，也很有必要。以汽車行業為例，現在要進入汽車業當然並不是一件容易的事，但在十九世紀末二十世紀初的美國，這件事要容易得多。

當時，美國底特律周圍地區到處都是開發汽車的創業者，亨利‧福特只是其中的一個。當時的興旺景象和幾十年後美國的「矽谷」十分類似：激動人心的創

業衝動，不斷取得的重大突破，到達一個又一個新的里程碑。那確實是一個創業的好時候。斯蒂文‧喬布斯和沃茲尼克亞處在「矽谷」那樣的一個好環境。惠爾特和普克德所處的環境稍差，但他們的公司的眞正成長期卻是和美國二次大戰後的繁榮期是一致的。

在任何時候，年輕人都會有機會，只不過是多些還是少些的分別。在歐美這樣的經濟發達地區，留給年輕人的機會並不是很多，而在一些新興的市場，比如說中國，因爲很多行業發展水準並不高，進入的門檻通常不高。更重要的是，在類似中國這樣的新興市場中，年輕人面臨著一個開創自己事業的機會，因爲很適合創業。

也就是說，誰都會有機會！

第四章

剔除心中的假想敵

一、冒險是成功者的樂園

有四人準備過橋，一位是盲人，一位是聾子，還有兩位健全的人。橋下面是地處險惡的大峽谷，澗底是怒吼的湍急水流，只有幾根光禿禿的狹窄鐵索橫搭在兩面懸崖的峭壁間。

四個人只能是一個接一個地抓住鐵索，冒著死亡的危險到達橋的另一端。按照我們正常的思維，我們可能會擔心那位盲人和那位聾子，因爲畢竟他們有身體缺陷，恐怕難以完成這樣的行動，結果卻是出人意料的，那位盲人和那位聾子都順順利利安安穩穩地過了橋，其中一位健全的人也過了橋，而另一位卻跌落峽谷被怒吼的洪水奪走了生命。

難道那位健全的人還不如盲人、聾人嗎？不是，他的弱點恰恰是因爲他的耳聰目明。

正如那位盲人說的：「我的眼睛看不見東西，所以不知道前方是危險，就心

平氣和地攀索，覺得也是比較順利的啊！」聾人說：「我的耳朵聽不見聲音，聽不到腳下咆哮怒吼的聲音，所以我的恐懼就相對的減少很多。」而過橋的兩位健全人的心態是不一樣的，活下來的那位說：「我過我的橋，我走我的路，險峰與我有什麼關係啊？急流又與我有什麼關係啊？我只管注意落腳穩固心情舒暢就夠了。」而另外一位掉下橋的人卻是十分懼怕腳下的水流和怒吼的聲音，因此戰戰兢兢不敢往前，心情也是十分複雜，結果就掉下去了。

很多時候，做一件事情就像攀附鐵索一樣，之所以會失敗，不是因爲你的智商不足，也不是因爲你的能力不夠，而是被一些苦難的東西嚇倒了，所以你要做好一件事情，就要敢於冒險。

一位記者在採訪林肯的時候問過這樣一個問題：「據我所知，上兩屆總統都曾經想要廢除黑奴制度，當時也起草了這樣的文件，可是他們始終都沒拿起筆簽署這個決議。請問總統先生，他們是不是想把這一偉業留下來，讓您去成就英名？」林肯笑著說：「可能有這個意思吧！不過，如果他們知道拿起筆來簽署這個決議需要的僅是一點勇氣的話，我想他們一定會非常懊喪的。」

當然這裏所說的冒險並不是像賭徒那樣，完全把寶押在「運氣」上。**冒險需要理智的判斷，而不是運氣的降臨**。如果一點可能性都沒有，就冒然的行動常常會一敗塗地，這樣不是冒險，而是盲動，有時簡直就是一種自殺行為。所以冒險要建立在一種科學分析、理智思考和周密準備的基礎之上。

人生在於創新，創新必然包含冒險。然而對安全感的需求，使許多人放棄了冒險。只有少數人「以青春賭明天」，敢於冒險，敢於向明天、未來挑戰。他們做了生活的主宰、時代的先鋒。他們擁抱了成功、快樂、幸福、財富等。

該勇則勇，大果可成

世上沒有萬無一失的成功之路，變幻莫測的市場總帶有很大的隨機性，難以捉摸。所以，要想在波濤洶湧的商海中自由遨遊，非得有冒險的勇氣不可。大多情況下，成功的因素便是冒險，企業家必須學會正視冒險的正面意義，並把它視為成功的重要心理條件。

在成功者的眼中，生意本身就是一種挑戰，一種想戰勝他人，贏得勝利的挑

戰。所以，「一旦看準，就大膽行動」已成爲許多商界成功人士的經驗之談。

「幸運喜歡垂青勇敢的人」。冒險是表現在人身上的一種勇氣和魄力，它與收穫常常是結伴而行的。險中有夷，危中有利，要想有卓越的成果，就當敢冒風險。有成功的慾望，卻不敢冒險，怎麼能夠實現偉大目標？

關於超凡企業家冒險成功的例子眞是不勝枚舉，石油大王洛克菲勒、猶太大亨哈默、成功舉辦奧運會的尤伯羅斯等都是冒險成功的典範。美國經濟騰飛的歷史，就是美國資本家冒險開拓的傳奇史。美國有位心理學家認爲30％的美國人屬於風險型的創業者，樂於追求刺激，他們是偉大的生命實驗者，他們從不囿於陳規陋習。美國一位經濟學家吉爾德則認爲：「在美國有一類人喜歡『改變現有體制而非建立平衡狀態』。」

險峰之上，風光無限，惟有敢於攀登的人，才能領略。同樣，勇於冒險的企業家，才能在商戰中獲得別人得不到的樂趣與成功。敢冒風險的是富有挑戰精神的重要體現。貪圖安逸、唯唯諾諾、患得患失、害怕風險的人是不會成就什麼大事業的，充其量只能維持現狀。只有富有挑戰精神，不怕困難甘冒風險的人才有創新，而創新無疑是企業發展的推動力。富有挑戰精神、追求成功的願望是一個人發展事業的一個內在動力。美國人敢於冒險，喜歡追求刺激的個性是世界公認的，因而這個民族充滿了朝氣與活力，這個國家的經濟、科技也總是走在世界的前面。摩根就是這樣一位企業家。冒著風險投資，在短時間內脫穎而出，向大企業挑戰，創立新興的投資銀行，進行壟斷，躋身國際經濟舞台，成爲美國十九世紀七〇年代至二十世紀二〇年代叱咤風雲的大金融家。

「如果政府和法律不做，我自己來！」

這句石破天驚的話幾乎成了美國幾個世紀以來最富盛名的名言，說出這句驚世駭俗的話的人就是摩根。

一八五七年，摩根從德國哥廷根大學畢業，進入鄧肯商行工作。一次，他去古巴哈瓦那商行採購魚蝦等海鮮歸來，途經新奧爾良碼頭時，突然有一位陌生人從後面叫住他：「先生，想買咖啡嗎？我可以半價出售。」

「爲什麼半價出售？」摩根疑惑地盯著陌生人。

陌生人馬上自我介紹說：「我是一艘巴西貨船船長，爲一位美國商人運來一

船咖啡，可是那位美國商人卻已破產了。先生！您如果買下，等於幫我一個大忙，我情願半價出售。唯有一條件，必須現金交易。先生，我是看您像個生意人，才找您談的。」

摩根便跟著巴西船長看了咖啡，成色還不錯。一想到價錢如此便宜，摩根便毫不猶豫地決定以鄧肯商行的名義買下這船咖啡。然後，他興致勃勃地給公司發了電報，可是鄧肯的回電十分強硬：「不准擅用公司名義！立即撤銷交易！」

摩根勃然大怒，可是轉念一想，鄧肯商行畢竟不是他摩根家族的。自此摩根便產生了一種強烈的願望，那就是自己開公司，做自己想做的生意。摩根無奈之下，只好求助於父親。父親吉諾斯回電同意他用自己倫敦公司的戶頭償還挪用鄧肯商行的欠款。得到父親支援的摩根大為振奮，索性放手一搏，在巴西船長的引薦之下，他又買下了其他船上的咖啡。

也許上帝對他也十分賞識，就在他買下這批咖啡不久，巴西便出現了嚴寒天氣，一下子使咖啡大為減產。這樣，咖啡價格暴漲，摩根便順理成章地大賺了一筆。從這次極為冒險的咖啡交易中，吉諾斯相信自己的兒子是個人才，便出了大部分資金爲兒子辦起了摩根商行，供他施展經商的才能。他的支援對摩根後來叱咤華爾街乃至闖世界發揮了決定性的作用。

一八六二年，美國的南北戰爭正打得如火如荼。一天，摩根新結識了一位朋友，一位華爾街投資經紀人的兒子克查姆。在閒聊中，克查姆向摩根透露：「我父親最近在華盛頓打聽到，北軍傷亡十分慘重！如果有人大量買進黃金，賣到倫敦去，肯定能大賺一筆。」

對經商極其敏感的摩根立即意識到這是一個十分難得的機遇，他提出與克查姆合夥做這筆生意。也有此意的克查姆馬上將自己的計劃告訴摩根：「我們先同皮鮑狄先生合作，透過他的公司和你的商行共同付款的方式，秘密購進四、五百萬美元的黃金。然後，將買到的黃金一半運到倫敦，交給皮鮑狄，剩下一半我們留著等待時機。一旦皮鮑狄黃金匯款之事洩露出去，而政府軍又戰敗時，黃金價格肯定會暴漲，到那時，我們乘機出售手中的黃金，肯定會大賺一筆！」

摩根在腦中快速地盤算了這筆生意的風險程度，十分爽快地答應了克查姆，一切按他的計劃行事。正如他們所料，秘密收購黃金的事因匯兌大宗款項「走漏」

了風聲。於是，很快形成了爭購黃金的風潮。金價飛漲，摩根見時機已到，迅速拋售了手中所有的黃金，狠狠賺了一筆。這次黃金交易使他獲得了十六萬美元的純利潤，當然他的投機也引起了聯合同盟俱樂部大批商人的不滿和攻擊。摩根適時地退出了黃金市場。

幾年的國內戰爭，摩根獲得了多條軍事機密，所獲得的利潤連他自己也弄不清楚。他心中有兩個十分堅定的信條：一是資訊對於商業的重要性；二是風險越大，帶來的利潤也就越多。在一次次冒險中，他獲得了巨大的成功，爲他施展更爲遠大的抱負奠定了堅實的基礎。

從某種程度上來說，冒險就意味著抓取新的機遇。只有那些敢於承擔風險的企業家才能帶領企業走出困境，獲得新生；一個不敢冒風險的企業家最終會使企業走向衰敗。在中國，一向是「勝者王侯、敗者寇」，人們推崇的是中庸之道——不求有功，但求無過的思想。而西方國家的一些哲學理論則極力宣揚冒險爲創新精神。在西方人的眼中，人生即是行動，即使努力過後失敗了也勝過平庸的安寧。他們不以成功論英雄，所以西方的企業家如雨後春筍般層出不窮，他們勇於冒險和創新的精神成就了那些宏偉的、大膽的、冒險的目標。下面讓我們再來看另外一位商業天才，同樣也是敢於冒險的典範。

約翰・洛克菲勒一八三九年七月八日生於美國紐約州哈得遜河畔揚佳鎮。母親是一個虔誠的基督教徒，父親是木材商，而他的性格特徵則是冷靜、精明、富有遠見。

南北戰爭前，時局動盪不安，各種令人不安的消息不斷傳來，戰爭的陰影籠罩著美國大地。人們都在忙著安排自己的家庭、財產，而約翰・洛克菲勒卻在運用他的全部智慧思考怎樣利用這場戰爭。他想：「戰爭會導致食品和能源缺乏，還會使交通中斷，那時候市場價格必將急劇波動。」

「這不是一個金光燦爛的黃金穀嗎？走進去，我將會滿載而歸。」

那時的洛克菲勒僅是一個資金爲四十萬美元的經紀公司，而且其中一半的資金屬於英國人克拉克。洛克菲勒對這個問題很著迷，不停地思考：要是發生戰爭，北方的工業家和南方的大地主，哪個更賺錢？

他又對夥伴克拉克說：「南北戰爭就要爆發了，美國就要分成南北兩邊打起

來了。」克拉克一副無精打采的樣子，懶洋洋地問：「打起來，打起來又怎麼樣呢？」洛克菲勒胸有成竹地決定：「我們要向銀行貸款，要購進南方的棉花、密執安的鐵礦石、賓州的煤，還有鹽、火腿、穀物……」克拉克驚異無比，大聲問他：「你瘋了，現在這麼不景氣！你怎麼能想出這個荒唐的主意？」洛克菲勒自信地說：「明年我們的目標是取得三倍的利潤。」

在沒有任何抵押品的情況下，洛克菲勒利用他的企劃書打動了一家銀行總裁漢迪先生，籌到一大筆資金。第二年他們的經紀公司利潤已高達一百七十萬美元，是預付資金的四倍。一切都如洛克菲勒預料的那樣。到了南北戰爭爆發時，農產品的價格又上升了好幾倍。洛克菲勒所有的貯備都為他帶來了鉅額利潤，財富像滾動的雪球越滾越大。到美國南北戰爭結束，洛克菲勒已不再是個小小的穀物經紀人，而是腰纏萬貫的富翁，並開始發展石油工業。洛克菲勒在風險中的決策是他事業的一個轉捩點，他在後來的經營中，始終記住了這一要訣：**機遇存在於動盪之中；動盪愈大、風險愈大，機遇所給予的成功指數也就愈高**。

最成功的冒險家比爾・蓋茲

名人似乎總有與衆不同之處，蓋茲之所以會成爲當今電腦世界的赫赫人物，其獨特的性格特徵也許早已注定了他的非同尋常。他是個具有特殊天分、好勝、自力更生、自信心很強並具冒險精神的人，他在自身領域裏的控制力量極爲龐大，以致《資本家》雜誌在一九九一年四月發表一評論說：「微軟公司正在屠殺對手，看來似乎會幾近壟斷軟體工業。」

害怕失敗是他好勝天性的另一個例證，雖然他是世界首富，但懼怕失敗的心理依然驅使他繼續追求更高成就。他喜歡速度快的汽車和遊艇，擁有兩部保時捷汽車和兩艘遊艇。而他更有個衆所皆知的著名夢想：將來，在每個家庭的每張桌子上面都有一台個人電腦，而在這些電腦裏面運行的則是自己所編寫的軟體。這夢想則是他所追求宏偉的、大膽的、冒險的目標。

比爾・蓋茲生於一九五五年。他從小酷愛讀書，除了童話故事，他最喜歡的書是《世界圖書百科全書》。他常常一讀就是幾個鐘頭，對書的迷戀和狂熱眞是

無人能比。小蓋茲強烈的進取心、執著的性格在同年齡人中是罕見的。無論遊戲還是比賽，蓋茲總要爭個高低。「即使把我渾身衣服剝光，一個子兒也不剩地扔在沙漠中，但只要有一支商隊路過，我又會成爲億萬富翁。」每每讀到洛克菲勒的名言，蓋茲的心總是狂跳不已。他常常自勉道：「只要有時間，只要有機會，我一定會成爲億萬富翁！」

蓋茲的父母對自己的兒子寄予厚望，他們把他送人西雅圖收費最高的私立中學——湖濱中學讀書，湖濱中學是美國最先開設電腦課程的學校。蓋茲如魚得水，求知欲得到極大的滿足，正是這所學校激發了比爾・蓋茲智慧的火花與創造力。

蓋茲是個典型的工作狂，這種特質從他在湖濱中學時期就已表現得淋漓盡致，無論是在電腦房鑽研電腦，還是玩撲克，他都廢寢忘食，不知疲倦。有時疲憊不堪的他會趴在電腦上酣然入睡。蓋茲的同學說，他常在清晨時發現蓋茲在機房裏熟睡。

蓋茲中學畢業後如願以償地被哈佛大學錄取。他沒有像其他孩子那樣利用進大學前的漫長假期痛痛快快地玩一玩，而是和保羅一起每天日以繼夜地工作。在這裏，兩個人的電腦技能和知識水準都有了突飛猛進的發展。這種進步，使他們看到了別人看不到的希望。哈佛大學有一個電腦中心，這使蓋茲喜出望外，因爲他可以在此朝著自己的理想努力了。

在機房，蓋茲發現了不少樂趣，他成了小夥伴們的領袖人物。他在電腦上擺弄著各式各樣的問題，並隨時記錄下來。他不再是在電腦上玩耍和遊戲，而是進行著各式各樣的研究和思考。他先是探索問題，發現問題，然後尋找發生這些問題的根源。每當發現問題或找到產生問題的線索，蓋茲就認眞地把它們詳細記錄下來。隨著研究的深入，蓋茲和他的夥伴在電腦的應用中越來越得心應手。他不僅可以破壞電腦的系統程式，而且能夠越過電腦的密碼系統去獲取他感興趣的資訊。當然，他也沒有因爲癡迷於電腦而放棄學習，相反的，他的學習成績還是出類拔萃的。蓋茲平時把主要精力用在電腦上，但在臨近學業考試時，他會全力以赴、晝夜不分地背筆記和必考的內容。就這樣，他取得了每門課程都能獲得及格的成績。而在電腦方面，他卻達到了沒有哪個同學能與之相比的程度。

蓋茲也許不是哈佛大學數學成績最好的學生，但他在電腦方面的才能卻無人

可以匹敵。他的導師不僅爲他的聰明才智感到驚奇，更爲他那旺盛而充沛的精力而讚歎。他說道：「有些學生在一開始時便展現出在電腦行業中的遠大前程。毫無疑問，蓋茲會取得成功的。」

「凡事不服人，要做就要做到最好。」這種與衆不同的性格，加上蓋茲對電腦的濃厚興趣，他飛速創辦了微軟公司。微軟公司創立之後，它一面開發自己的軟體，另一方面也收購其他公司的軟體，其中收買DOS軟體系統是它最成功的一次創舉。這是微軟公司最廉價的購入，也是世界上最便宜的交易，總共花了七・五萬美元，微軟公司就擁有了全部的 DOS。蓋茲以如此的低價擁有全部的 DOS 系統，不僅爲其與 IBM 公司的合作奠定了基礎，也爲其以後的發展奠定了基礎。

微軟公司能夠壯大到如此的規模程度，與比爾・蓋茲的冒險精神是分不開的。正是這種冒險精神實現了「每個家庭的每張桌子上面都有一台個人電腦，而在這些電腦裏面運行的則是自己所編寫的軟體」的宏偉目標，而正是這個大膽的目標造就了比爾・蓋茲。

二、千萬不要害怕改變

一九七三年，美國利物浦市一個叫科萊特的青年，考入了美國哈佛大學，常和他坐在一起聽課的是一位十八歲的美國小伙子。大學二年級那年，這位小伙子和科萊特商議，一起退學，去開發 32 Bit 財務軟體，因爲新編教科書中，已解決了進位元制路徑轉換的問題。當時科萊特感到非常驚訝。因爲他來這是求學的，不是來玩的。再說對 Bit 系統，默爾斯博士才教了點皮毛，要開發 32 Bit 財務軟體，不學完大學的全部課程是不可能的。他委婉地拒絕了那位小伙子的邀請。

十年後，科萊特成爲哈佛大學電腦系 Bit 方面的博士研究生；那位退學的小伙子也是在這一年，榮登美國《富比士》雜誌億萬富豪排行榜。一九九二年，科萊特繼續攻讀，拿到博士學位；那位美國小伙子的個人資產，在這一年則僅次於華爾街大亨巴菲特，達到六十五億美元，成爲美國第二富豪。一九九五年，科萊特認爲自己已具備了足夠的學識，可以研究和開發 32 Bit 財務軟體了；而那位小

伙子則已繞過Bit系統，開發出Eip財務軟體。它比Bit快一千五百倍，並且在兩週內佔領了全球市場，這一年他成了世界首富，一個代表著成功和財富的名字——比爾・蓋茲也隨之傳遍全球的每一個角落。

人都有一種思想和生活的慣性，就是害怕自己環境的改變和思想的變化，人們喜歡做大家經常做的事情，不喜歡做需要自己改變的事情。所以，很多時候，我們沒有抓住機會，並不是因爲我們沒有能力，也不是因爲我們不願意抓住機會，因爲我們恐懼改變。

人一旦形成了習慣的思維定勢，就會習慣地順著定勢的思維思考問題，不願也不會轉個方向、換個角度想問題，這是很多人的一種愚頑的「難治之症」。比如說看魔術表演，不是魔術師有什麼特別高明之處，而是我們大夥兒思維過於因襲習慣之勢，想不開，想不通，所以上當了。比如人從紮緊的袋裏奇蹟般地出來了，我們總習慣於想他怎麼能從紮緊的布袋上端出來，而不會去想想布袋下面可以做文章，下面可以裝拉鏈。讓一個工人辭職去開一個餐廳，讓一位教師去下海，他不願意的機率大於60%，因爲他害怕改變，原來的生活和工作的狀態會有一個很大的改變，他們基本上是無法接受的。

如果能夠勇敢地面對變化，努力地是超越了自己，很容易獲得成功。比爾‧蓋茲是一名學生，在學校過著非常有意思的大學生活，走出校園去創業，這是一個很大的變化，但是比爾‧蓋茲沒有害怕，憑著自己的才華和毅力終於獲得了巨大的成功。德威特‧華萊士，沒有像其他人一樣慣於接受大家習以爲常的做事態度，他對於變化一點都不恐懼，勇敢地接受變化，因此會走向成功。

在生活的旅途中，我們總是經年累月地按照一種既定的模式運行，從未嘗試走別的路，這就容易衍生出消極厭世、疲遝乏味之感。所以，不換思路，生活也就乏味。很多人走不出思維定勢，所以他們走不出宿命般的可悲結局；而一旦走出了思維定勢，也許可以看到許多不一樣的人生風景，甚至可以創造新的奇蹟。因此，從舞劍可以悟到書法之道，從飛鳥可以造出飛機，從蝙蝠可以聯想到電波，從蘋果落地可悟出萬有引力……常爬山的應該去跋山涉水，常跳高的應該去打打球，常划船的應該去駕駕車，常當官的應該去爲民。

換個位置，換個角度，換個思路，也許我們面前是一番新的天地。人不能沒

有追求，不能沒有堅定的信念，也不能永遠在原地踏步，要敢於正視自己，面對現實，哪怕殘酷，也要勇敢地面對慘澹的人生。

你自己妥協了多少夢想？

有一個經典的故事。

數九寒天，一座城市被圍，情況危急，假如明天下午之前仍得不到援兵，城市就將完全失陷。守將決定派一名士兵去河對岸的另一座城市求援。

這名士兵馬不停蹄地趕到河邊的渡口，卻看不到一艘船。平時，渡口總會有幾艘木船擺渡，但由於兵荒馬亂，船夫全都逃難去了。士兵心憂如焚。他的頭髮都快愁白了，假如過不了河，不僅自己會成爲俘虜，就連城市也會落入敵人手裏。

太陽落山，夜幕降臨。黑暗和寒冷，更加劇了他的恐懼與絕望。這是一生當中最難熬的一夜，他覺得自己今天眞是四面楚歌、走投無路。更糟的是，颳起了北風，到了半夜，又下起了鵝毛大雪。他瑟縮成一團，緊緊抱著戰馬，藉戰馬的體溫取暖。他甚至連抱怨自己命苦的力氣都沒有了，只有一個聲音在他心裏重複著：活下來！他暗暗祈求：上天啊！求祢再讓我活一分鐘，求祢讓我再活一分鐘！

東方漸漸露出了魚肚白。士兵掙扎起來，牽著馬兒走到河邊，驚奇地發現那條阻擋在他前進的大河上面已經結了一層冰。他試著在河面上走了幾步，發現冰凍得非常結實，完全可以從上面走過去。他欣喜若狂，牽著馬輕鬆地走過了河面。城市就這樣得救了，得救於他的忍耐和等待。

其實，生活中也有很多這樣的事情，得失之間，隔於一線，堅持一下，也許就有完全不同的結局。**在成敗之間，妨礙我們的往往只是一層迷霧，許多時候，我們敗給的不是對手，而是絕望和放棄**。而事實上，一個在精神上和意志上不放棄的人，往往在身體和智慧上也一樣。一名香港商人，飯後隨便翻看當天的報紙，看到一則西方人玩「魔術方塊」的消息。他靈機一動：我也可以從事這個嘛！他馬上派人到歐洲弄來樣品，照著樣子仿造加創造，很快生產出自己的產品，投入香港市場，果然備受歡迎，一時間供不應求。繼而他又把產品運到印尼等地，也很快佔領了那兒的市場。

現在摩托車已成為重要的交通工具，為了安全，駕駛摩托車都要配戴安全

帽。市場上盛銷不衰的摩托車安全帽，是一個二十多歲的無業青年在「一念之間」發明的。這個青年原來對安全帽一無所知。一個朋友送給他一個從國外帶回來的安全帽，他很感興趣。他想爲什麼不造一個更輕便、更安全、更美觀的安全帽呢？於是一種重量輕、造型美、耐衝擊的安全帽新鮮出爐，投入市場搶購而空。那位昔日的無業青年，搖身一變成爲生產安全帽企業的總經理。

被稱爲世界「假髮業之父」的富豪劉文漢，是靠餐桌上一句話生發靈感，一舉發跡的。一九五八年，劉文漢到美國旅行。一天，他在一家餐館與兩位美國人共進午餐。當談到什麼新行業可以在美國大行其道時，其中一個人說了一句「假髮」。或許對方是說著逗樂的。但劉文漢卻眼睛一亮。這頓午餐成了劉文漢發跡的起點，回到香港，他立即創辦了假髮工廠。假髮業爲他迎來一條廣闊的致富之路。

眞的，有一種成功只在一念之間就實現的，靈感乍現，就取得了意想不到的巨大成功。與這種成功相對的是另一種情況，即對成功孜孜以求，付出了太多的努力，成功卻不肯光顧。似乎成功很偏心，對某些人特別青睞，對另一些人卻特別刻薄。

事實眞的是這樣的嗎？長久以來，米酒的混濁一直是身爲酒商的善右衛門的一樁心事，他肯定一直對此深以爲憾，一心一意惦記著這米酒如何能變得清純起來。所以當突然發現自己酒桶中的酒如夢想中那樣清澈見底時，他的第一感覺是：灑在酒中的髒東西對酒具有沈澱功能，根本來不及思考是誰的傑作，就盯住這一巨大發現不放，最終才釀成清酒。

善右衛門製成清酒確屬偶然，但這偶然的背後卻有其必然，是對善右衛門長期思索的最終報答，他的靈感乍現，是一顆熱烈跳動的心換來的豐厚收穫。還有那個魔術方塊大王、發明全罩式安全帽的青年人，及劉文漢，他們成功的情形大致如此。不要因爲一時努力不見結果而垂頭喪氣，更不要以爲成功是神靈的恩賜，而守株待兔。

放棄妥協，勇敢地改變

南美洲海洋中有一種很小的鱷魚，牠渾身長滿了尖銳的棘刺。牠對付比自己

大幾倍的魚有一套辦法。當大鯊魚把牠吞進肚子裏以後，牠就縮成一個刺球，用身上的刺一邊到處亂刺亂撞，一邊啃吃鯊魚肉，鯊魚雖然很疼痛，可是毫無辦法，只能聽之任之，最後一命嗚呼。曾經看過這樣一則寓言故事：老虎仗著牠是森林之王，整天專吃野雞、野兔和一些小動物。有一天，老虎覓食時遇到了一隻牛虻。

「不要在我眼皮下打擾我覓食，否則我要吃掉你。」老虎生氣地喝道。

「嘻嘻，只要你夠得著就來吃呀！」牛虻嘲笑老虎，並且爬在老虎鼻子上吸血。老虎用爪子來抓，牛虻又飛到虎背上，鑽進虎皮中吸血。老虎惱怒地用鋼鞭一樣的尾巴驅趕牛虻，牛虻越鑽越深，老虎躺在地上打滾想壓死牛虻。牛虻立刻飛走了，不一會兒引來一大群同夥，群起而攻之。沒過多久老虎就奄奄一息了。

比起鯊魚，鱷魚是渺小的；比起老虎，牛虻更微不足道。生活中我們最大的敵人就是自己不屑一顧的小缺點。我們之所以被打敗，是因爲我們輕小重大的思想滋長了這些小缺點，這才是我們應該警惕的。小魚吃大魚的方法揭示了這樣一個道理：我們的小缺點就像這一種小魚，它會以自己獨特的方法吞噬我們心中的大目標。有時候，我們往往因爲心中一個小小的敵人而放棄了目標，常常與自己妥協，就是這樣，我們喪失了很多的夢想！

奇蹟出自信仰，就像甘地所創造的非暴力奇蹟。甘地是一個身材瘦小的人，性情溫柔，卻有著鋼鐵般的意志和無堅不摧的信念。當世界橫遭暴力蹂躪之時，甘地建議人們走另一條道路，即非暴力主義。他宣傳非暴力學說，終於發動了印度人民，奮起將英國人驅趕出印度半島。由於他的努力，精神運動取代了武裝暴動，祈禱取代了槍炮，沈默取代了恐怖分子的炸彈爆炸聲。儘管在這個過程中發生了許多令人難以置信的事情，有的時候，甚至甘地自己都感覺似乎前途黯淡，無路可走，但他最終卻妥協於自己的夢想而不是冷酷的現實。就是在幾乎身後已無人跟隨的情況下，他依舊坦然默念著泰戈爾的詩句，「如果他們不回應你的召喚，你走下去吧！獨自一人走下去吧！」正是在甘地精神的感召下，印度人民漸漸甦醒，並爆發出巨大的力量，使傲慢的大英帝國也不得不低下頭顱。

一九四七年二月一個淒涼的下午，儘管邱吉爾指責艾德禮政府在如此緊迫的時間內放棄印度，屈服於「甘地最狂妄的要求」，但他的悲涼而無奈的演說卻無法阻止太陽沈落西山，投票表決時，下議院以壓倒多數順應歷史潮流的發展趨勢，

批准英國於一九四八年六月前結束在印度的統治。也正是因爲甘地具有超人的意志力和感召力，印度人由衷地說，甘地在哪裡出現，哪裡即成爲印度的首都。

事實上，很多傑出人物都有著妥協於夢想卻不妥協於現實的精神。一九四四年四月七日，施羅德降生時，奶奶在他的身邊。爲了讓嬰兒啼哭、呼吸，奶奶用力地向他的臉上吹氣。這個世界帶給小施羅德的第一件東西便是一股撲面冷風。在以後的人生中，任何撲面來風都會像當年奶奶的呵氣一樣，使施羅德立刻動員起全身的精力。由於施羅德身材矮小，出身低微，很多人都不看好他，《明鏡週刊》總編納倫曾經罵部下說，報導施羅德純粹是浪費。但施羅德並不妥協於人們的認識，他堅定地說：「我想當總理，你們等著瞧吧！」在他看來，「如果人一生中只追求一件事的話，他就一定會成功。」最終「命運」向他妥協了，而納倫則擺出了一副胸有成竹的樣子說：「我早就說過，這個年輕人有帥才。」

類似施羅德的例子在國外並不少見。德國前總理科爾在十七歲時就曾說過：「我有朝一日要當這個州的第一把交椅！」他後來比這走得還遠。韓國前總統金泳三在很年輕的時候就堅信「搞政治的人如果沒有當總統的野心，那就是平庸之輩。」他毫不隱諱地說：「我最適合當總統。」這在當時招致了很多人的嘲笑，有人甚至認爲他精神不正常，但最終金泳三讓所有人都閉上了嘴。

其實，不僅領袖人物，就是我們普通人也應該具有對自己和事業純天然的自信，這樣才能不管遇到怎樣的難關，都能談笑度過。即便是危難，我們也會把它當作一個接近夢想的機會。就像患病的人，如果相信眼前的藥可以幫助擺脫病魔的控制，那麼無論多苦的藥他也會毫不在乎，但如果他對藥和開藥的人都毫無信心，則即便是甜甜的藥，他也會覺得很「苦」。

在讀書的時候，我曾經在不同場合聽到很多同學的激情談吐，幾乎每個人都有一番遠大的志向，其中不少人都有捨我其誰的氣概。但遺憾的是，畢業沒幾年，這些激情就大多蕩然無存了，很多人在遭遇幾番挫折後都紛紛向現實「投誠」了。就像《肖申克的救贖》所說的：體制化是這樣一種東西，一開始你排斥它，後來你習慣它，直到最後你離不開它。想想看，我們的身體已經有多大一部分被體制化了，我們的夢想有多少被妥協掉了？

妥協往往使我們的人生「收入」直線下降。一位心理學家說過，「如果你滿

足於十分之一，往往只能達到十分之一。在未來的路上，千萬要妥協於你的夢想。」對獲得成功別有作用的信仰看來是這樣：正確的信仰能不斷從內部給予人力量，在一天天的堅持之下，你會發現，正是夢想在逼你成功。而正如一位著名教練所言：「我無意與同胞競爭並擊敗他們，但我決意竭盡所能，戰勝懦弱和妥協現實的心態，走近我的夢想。」

由於不能夠向現實妥協，一些人常常會吃更多的苦頭，但他們卻並不在意，因為他們知道，失敗也是付出的一種，輸給現實並不可怕，可怕的是輸掉了精神和自信。也正是這種把失敗當作付出的心態，使得他們能夠在最黯淡的夜色中看到陽光，那陽光來自內心深處，柔弱但剛強。

激勵大師理查德卡爾森博士主張：「藉改變自己，來改變一生。」

如果我們要抄錄全部的人類歷史。那麼，我們會驚奇的發現，我們得到的將是一部人類的發展變化史。生活就是這樣，每個人都要改變自己來適應環境的變化，之後才有權利讓環境來適應你。每個人對自己做出的選擇和決定隨即影響到周圍其他事物的存在。也許有的人以為每天的自己都差不多，其實我們時時在變，刻刻在改，所處的環境，所遇的事物，所吃的東西，所想的事情和精神，身體的狀況，都能改變我們，也就因爲這樣，我們才不是機器；也就是因爲如此，人才稱得上多變。既然都是要變，被動的改變當然就不如主動的應變。首先改變自己，才會令你握住自我的脈動，迎合你自己眞正嚮往的方向。

以下這段話是一個英國主教的墓誌銘：

「我年少時，意氣風發，躊躇滿志，當時曾夢想要改變世界。但當我年事漸長，閱歷增多，我發覺自己無力改變世界，於是我縮小了範圍，決定先改變我的國家。但這個目標還是太大了。接著我步入了中年，無奈之餘，我將試圖改變的對象鎖定在最親密的家人身上，但天不從人願，他們還是一個個的維持原樣。當我垂垂老矣，我終於頓悟了一些事：我應該先改變自己，用以身作則的方式去影響家人。若我能先當家人的榜樣，也許下一步就能改善我的國家，我甚至可能改造整個世界，誰知道呢？」

這是一個終身思考和探索人生的哲人傾其一生所做的心得體會。這段話能夠被鐫刻在墓誌銘上，足見這位哲人對此的重視和強調。讀懂它的字裏行間，我們

發現一個道理：「首先要改變自己。」如果我們對自己周圍的環境不滿，對於我們所處的現狀不滿，就讓我們先從改變自己做起。其實，許多時候阻礙我們去發現、去創造的，正是我們心理上的障礙和思想中的慣性。如果比爾・蓋茲當初放棄自己的夢想，和現實生活妥協的話，就不會有今天的世界首富，就不會有今天的知識英雄！因此，你的夢想不要輕易與自己妥協，很多人曾經的雄心壯志最後化爲烏有，就是因爲他們總是在面對改變的時候，面對困難的時候與自己妥協！

第五章

謀事在心，成事在人

一、走出羨慕與行動的怪圈

我們從小就讀過這樣一則古代寓言：

在中國四川的偏遠地區有兩個和尚，一位貧窮，一位富裕。

有一天，窮和尚對富和尚說：「我想到南海去，您看怎麼樣？」

富和尚說：「你憑什麼去呢？」

窮和尚說：「我有一個水瓶、一個飯缽就足夠了。」

富和尚說：「我多年來就想租條船沿著長江而下，現在還沒做到呢！你憑什麼去?!」

第二年，窮和尚從南海歸來，把去過南海的事告訴富和尚，富和尚深感慚愧。

窮和尚與富和尚的故事說明一個簡單的道理：說一尺不如行一寸。克雷洛夫說：「現實是此岸，理想是彼岸，中間隔著湍急的河流，行動則是架在川上的橋

樑。」行動才會產生結果。行動是成功的保證。任何偉大的目標，偉大的計劃，最終必然落實到行動上。拿破崙說：「想得好是聰明，計劃得好更聰明，做得好是最聰明又最好。」

生活中，有不計其數的人過著平凡的生活，甚至從未體驗過成功，在他們嘴上，掛著口頭禪是：張三種藥材發財了，我早就知道種藥材能發財；李四開了個乾洗店，我就說嘛，在這個小鎮開個乾洗店準賺錢……

不要做那可憐的寒號鳥!!

在中國大陸有一個人在春季受到單位排擠，便忿忿地說：老子到深圳發財去、誰受你這窩囊氣！但第二天醒來，他又照常上班，覺得還是忍著點好。夏天來了，升職沒著落，他又火冒三丈，逢人便說還是深圳好，靠本事吃飯，但事後他又給自己打圓場，說是再看一看。秋天來了，分房子沒他的份兒，他慪了一肚子火，走到局長辦公室門前又悻悻回來了，安慰自己說等年終升遷再說。結果年終人事任免壓根兒沒他的影兒，這一次他好像徹底失望了，也與深圳的朋友有模有樣地通了話，但終究沒有成行，理由是家裏兒子還小需要人照顧。一年後，當初與他一樣受單位排擠的同事有的在深圳買了房，有的開了公司，也有的擁有了私家車，這一下他更後悔了，說自己要是鐵了心早去深圳一步還不一樣美女香車快樂逍遙，內心也熱血澎湃，但馬上又冷了下來。其結果，「老子到深圳發財去」成爲別人嘲笑他的口頭禪，而他自己也終究窩在人事紛爭的機關環境中不願挪開一步。

看到這個故事，聯想起寒號鳥的故事。一遇寒冷天氣，寒號鳥就叫要築窩，第二天太陽出來，寒號鳥不覺得寒冷，築窩的事便拋到腦後。其結果，在一個天寒地凍的夜裏，被活活凍死。兩個故事中的主人有多麼的相似，都是要築窩、求發展，可是都不願馬上做，而是寄託於明天，或等一等、看一看，其結果第二天情況起了變化，機會溜走了。一個是只羨慕別人的成功，增添自己煩躁，另一個則更慘，活活凍死。

職場上這樣的「寒號鳥」又何止這一個？今天想跳槽，明天想充電，後天又想開公司，或等一等、看一看，終究不付諸行動，讓時光、機遇悄然溜走。它警

示人們要「馬上做」。與其在「慢慢來」中蹉跎歲月過著平淡的日子，不如在「馬上做」中追求人生的轟轟烈烈，即使失敗了，我們也會因爲曾經努力過而不留遺憾。

二〇〇二年九月十日，在首屆中國企業成功女性大會上被評選爲優秀企業家的 **TCL** 集團總裁吳士宏女士是一個充滿傳奇色彩的女英雄。她的故事可以說是「深刻導致成功」最典型的例子。

一九七九年到一九八三年這幾年的時間裏她一直受著白血病的折磨。由於一次又一次的化療，她的頭髮幾乎掉光。大病過後，吳士宏忽然覺得：自己的生命只能重新開始，因爲生命也許留給她的時間並不寬裕了。從那時候開始，她就下定決心：要做一個傑出的人！她的命運從此發生了一個極大的轉折。

一九八五年的一天，吳士宏來到了北京長城飯店的門口。她要離開原來毫無生氣甚至滿足不了溫飽的護士職業。爲此她憑著一台收音機，花了一年半時間學完了許國璋英語三年的課程。她一直守候著機遇的到來。現在，她鼓足勇氣，走進了世界最大的資訊產業公司 **IBM** 公司的北京辦事處。

兩輪的筆試和一次口試，她都順利地通過了，最後主考官問她會不會打字，吳士宏毫不猶豫地說：「會！」「那麼妳一分鐘能打多少字？」主考官問。「你的要求是多少？」她問。主考官說了一個數字，她馬上承諾沒問題。因爲她環視四周，發覺考場裏沒有一台打字機，果然，主考官說下次面試時再加試打字。

但是，吳士宏卻從不知道電腦爲何物。面試結束，她飛快地跑回去，向親友借了一百七十元買了一台打字機，不分晝夜地敲打了一星期，雙手疲乏地連吃飯都拿不住筷子，竟然奇跡般地敲出了專業打字員的水準。以後好幾個月她才還清了這筆爲數不小的債務，令人意想不到的卻是IBM公司卻一直沒有考她的打字工夫。後來，吳士宏如願以償地成了這家著名企業的一名普通的員工。在IBM工作的最早期，她扮演的是一個微不足道的角色，沏茶倒水，打掃衛生，她僅僅爲身處這個安全而解決溫飽的環境而感到寬慰。然而這種內心的平衡很快被打破了，有一次吳士宏推著平板車買辦公用品回來，被警衛攔在大樓門口，故意要檢查她的外企工作證。

吳士宏沒有證件，於是僵持在門口，進進出出的人們都投以異樣的目光，她

內心充滿了屈辱，卻無法宣洩，只能暗暗發誓：「這種日子不會太久的，絕不允許別人把我攔在任何門外。」有件事對吳士宏影響很大。有位香港女職員，很資深，她動輒驅指使別人替她做事，吳士宏自然成了她驅使的對象。有天她滿臉陰沈，喊吳士宏過來說：「如果妳要想喝咖啡的話，請告訴我！」吳士宏驚詫之餘，滿頭霧水，不知道究竟發生了什麼事。她又劈頭喊道：「如果妳要喝我的咖啡，麻煩妳把蓋子蓋好！」吳士宏這才恍然大悟，她把自己當成經常偷喝她咖啡的竊賊。這是人格的污辱，吳士宏頓時被激怒了，像頭獅子一樣咆哮起來。事後吳士宏對自己說：「有朝一日，我勢必有能力管理公司裏的任何人，無論是外國人還是香港人。」她決心改變這種狀況。從此她每天比別人多花六個小時用於工作和學習。不久，在同一批聘用者中，她第一個做了業務代表。接著，同樣的付出又使她成爲第一批本土的經理。然後去了美國，又成爲第一個IBM在中國華南區的總經理。

　　奮鬥是無止境的，吳士宏沒有就此停止她不斷嘗試成功的努力。一九九八年二月五日，她和微軟公司正式簽訂了協定，出任微軟中國公司總經理。一九九九年六月十八日，從微軟辭職之後，她又於十月十一日被TCL委以重任，當了TCL集團常務董事、副總裁、TCL資訊產業集團公司總裁。去嘗試才能獲得成功。記住這句話，讓它成爲你行動的原則。成功，離你就不遠了。

你的夢想在拖延中消失!!

有幾句廣告詞寫得好：「世間自有公道，付出總有回報；說到不如做到，要做就做最好。」的確，說到不如做到。放眼看這世間的成功人士，哪一位不是有著極強的實踐能力，哪一位不是在目標制定後熱情、積極地去實施。將想法轉化爲行動！只有行動才能讓夢想成眞，讓目標實現，才能讓你擺脫沒錢、沒背景、沒經驗的境遇！凡是決定去做的事，不應拖延著不去做，如果你一心想著留待將來去做，你注定是人生的戰鬥場上的弱者，凡是有力量，有成功經歷的人，總是那些在目標確定後就充滿熱忱去做的人。

今天有今天的事，明天有明天的計劃待完成。今日事是今日畢，不應留待明天去做。拖延的習慣是成功的天敵。有的人不認爲怠於行動是缺點，認爲是自己

的優點：慎重、做事穩重，總是三思而行，謹慎。錯矣！

擱著今天的事不做而想留待明天，在這個過程中拖延、等待、徬徨的時間和精力也差不多能將要做的事情完成了。人的生活中常有這樣的煩惱：有幾件事本應早幾天，早幾週做，可是當初一拖就拖到現在，「現在」硬著頭皮將它們做完後，又懊喪的發現原來在「現在」做過去的事情時，又將「現在」的事情拖到了將來。於是，懊喪影響了效率，效率低下又導致了混亂，混亂導致了——失敗。

有目標，有計劃而不去執行、實施，一味的拖延，就無疑使之煙消雲散，這件事導致的失敗，對一生則導致品格的負面影響，而「立刻行動」，「全力以赴」卻總能讓人感到成功的欣慰，並再一次點燃下一支行動之燭，讓生命的黑夜，永遠有光明。

要成功就要採取行動，因爲只有行動會產生結果，要成功就要知道成功的人都採取什麼樣的行動。有非常多的人這麼說：「成功開始於想法。」但是，只有這樣的想法，卻沒有付諸行動，還是不可能成功。你必須研究成功者每一天都在做些什麼，他們到底做了哪些跟你不一樣的行爲，假如你可以如法炮製他們的行動，那麼，你一定會成功。

許多人總是下不了決心來開始自己的行動。他們太謹慎，太膽小，缺乏勇氣，不敢承擔風險，猶豫不決，遲遲下不了決心，讓時光白白地溜走。他們缺乏對自己的信心，太輕信別人。他們把報紙上的看法和鄰居間的閒談當成了自己的思想。事實上，輿論是世界上最廉價的商品，每個人都有許多現成的看法可以提供給任何接受它們的人。如果你在下決心時，被這些意見所左右，那麼，你從事任何一行都不會成功，更不用說將自己的願望轉變爲財富了。你的朋友和親戚，可能並不是想阻攔你，但他們的信口開河，大放厥辭，很可能毀掉你行動的決心，因爲成千上萬的人都有心理上的自卑感，他們很容易被別人征服，而不是被自己征服。

好多人遲遲不敢下決心的原因，無非是害怕失敗，害怕失敗帶來財富的損失，對地位的損失。害怕別人的批評失去自己的名譽，或名聲不佳；這些都是現實的原因。怕鳥，就別播種。人不是爲保留種子活著，也不可能爲保留種子而活下去。人要播下種子，收穫幾百倍、幾千倍的果實，這才是眞正的人。一些人不

瞭解這一眞諦，總是怕鳥而不敢播種，浪費了寶貴的時光，自己一無所獲。膽子一定要大，膽大可以成就事業、財富，這是眞理。

在對財富、成就的追求過程中，人們除了貨幣付出之外，還有人們的思想、知識、技能、精力等的付出。思想、知識、技能、精力等的付出，不僅不會使人們失去這些東西，反而會使這些東西增值，越使用，越能增值。因此，瞭解了這一秘密就應該積極地、充分地使用這些財富，讓這些財富在使用之中，快速地增値。這是一件十分有意義的事情。它爲人們的行動提供了價值支援和動力泉源。

在一定的時間內，會出現貨幣只有支出而沒有收穫的情況，但這並不能成爲人們不付出貨幣的理由。因爲沒有付出，永遠不會有收穫。生命不可能自我封閉。如果那樣，就是走向死亡，這不是生命的法則。貨幣的支出，透過人們的不斷努力，最終會取得更多的貨幣，這已爲人類的歷史充分證明。當然這要看你是否有絕對的信心，頑強的毅力和正確的方法。

總之，行動的原則是生命的本性，生命在運動（行動）之中自我放大。財富也只能在行動之中增加，否則，財富只有流失。

發人深省的人生等式三角

前兩天，一位友人問我是否聽說過「〇～一等式三角」，我說沒有。於是，他找來一張紙，寫下了這樣兩個三角形的等式方程：

〇
〇+〇=〇
〇+〇+〇=〇
〇+〇+〇+〇=〇
〇+〇+〇+〇+〇=〇
〇+〇+〇+〇+〇+一=一
〇+〇+〇+〇+〇+一+〇=一
〇+〇+〇+〇+〇+一+〇+〇=一
〇+〇+〇+〇+〇+一+〇+〇+〇=一
〇+〇+〇+〇+〇+一+〇+〇+〇+〇=一

一
一+一=二
一+一+一=三
一+一+一+一=四
一+一+一+一+一=五
一+一+一+一+一+一=六
一+一+一+一+一+〇=六
一+一+一+一+一+〇+一=七
一+一+一+一+一+〇+一+一=八
一+一+一+一+一+〇+一+一+一=九

他把紙遞給我看。我只瞄了一眼，就沒好氣地說：「你真是無聊，○+○當然等於○，你加到天黑它還是等於○，一+一=二，這個連三歲的孩子都知道！」我瞥了他一眼，「無聊的人搞這些無聊的東西，你不會是想讓我做陳景潤、華羅庚，搞數學，然後搞『哥德巴赫猜想』吧？」我隨手把紙條扔給了他。

他只是笑了笑，然後又把紙條遞給我，說：「你再仔細看看，別把它當成簡單的數學等式。」我看了看，依舊弄不清其中有何玄機，便搖了搖頭說：「我還是不懂，你就直說吧！」他又笑了笑，「其實這很簡單，我提示你一下，等號左邊的數位○代表空想，一代表實幹，等號右邊的數位代表你將來可能取得的成就或地位。才幾天不見，你怎麼就這麼迂腐了呢？」

他一說完，我頓時醒悟：多好的等式三角，多麼深刻而又淺顯的寓意呀！如果你整日空想，每天都有一個理想或立下個誓言（也就是大家常說的「常立志」），卻不付諸行動，那你收穫的也只能是飄渺和虛無。你的空想雖然無比美麗，但你的生活卻沒有色彩，你的生命更沒有光芒。如果你埋頭實幹，可能一開始成果基數微乎其微，只要努力不懈，你的最終成果（先把它量化）是很可觀的。

而且，你可以在實幹的基礎上拿出一點時間空想、思考或是隨你如何瘋狂（無關工作學習的），你的生活不會枯躁乏味，你的生命之河會不時來一段波瀾，讓你永具奔騰與咆哮的活力！

多好的人生等式三角啊！

我不知道你對這兩個等式三角的感覺如何。但是現代生活的節奏在一天天加快，每個人都在爲生計或事業勞碌奔波，身心壓力一秒秒加大，這是不爭的事實。要是陷入那個拼命再拼命的漩渦，我保證你用不了多久就會身心憔悴，剩一堆狗都不願意啃的爛骨頭，徹底玩兒完！我們完全可以在做完若干個一後，適時加一個○，來調劑生活。弛張有度，才能活出燦爛與輝煌。

二、只要有陽光就足夠了

一九七二年，新加坡旅遊局給總理李光耀打了一份報告，大意是說，我們新加坡不像埃及有金字塔；不像中國有長城；不像日本有富士山；不像夏威夷有十幾公尺的海浪。我們除了一年四季直射的陽光，什麼名勝古跡都沒有。要發展旅遊事業，實在是巧婦難爲無米之炊。

李光耀看過報告，非常氣憤。據說，他在報告上批了這一行字：**你想讓上帝給我們多少東西？陽光，陽光就夠了！**

後來，新加坡利用那一年四季直射的陽光，種花植草，在很短的時間裏，發展成爲世界上著名的「花園城市」。連續多年，旅遊收入排名亞洲第三位。

上帝給每個國家、每個地區的東西，確實都不是太多。就拿我們周遭的來說，祂僅給中國大陸杭州一個西湖、曲阜一個孔子。就拿個人而言，祂給每個人的東西同樣也少之又少，祂只給了牛頓一顆蘋果，並且還是擲過去的；祂只給了迪士尼一隻老鼠，這隻老鼠並且是在迪士尼自己連麵包都吃不到的時候到達的。

上帝的饋贈雖然少得可憐，但它是酵母。只要你是位有心人，你會驚喜地發現上帝的饋贈是多麼的豐厚，聰明的江南人利用西湖把杭州做成了天堂；智慧的北方人利用孔子把曲阜變成了聖城，沈思中的牛頓因那顆蘋果，奠定了自己物理學上無可撼動的地位；窮困潦倒的迪士尼利用那隻老鼠，創造了一個價值連城的動畫帝國。

也許你曾抱怨上帝的不公。在同年齡人中，祂送給別人美貌，送給別人金錢，送給別人地位；送給你的，卻僅是辦公室的一把舊椅子。然而，假如你有幸讀到了李光耀的那句話，你也許會突然振奮起來——原來那把舊椅子是上帝有意送來的。既然如此，哪裡還有理由不把它變成一件文物。

一位朋友給我講了一個故事：

他由於工作需求經常要出差，但是常常買不到對號入座的車票。奇怪的是無論出差是長途還是短程，無論車上有多擠，他說，他總能找到座位。

他能做到始終有座位，辦法其實很簡單，就是他每一次都是耐心地一節車廂

又一節車廂地找過去。這個辦法看上去似乎沒有什麼高明之處，但卻是非常管用。每次乘坐火車，他都做好了準備從第一節車廂走到最後一節車廂來找座位，而且每次都能夠如願以償，他用不著走到最後一節車廂就能夠發現空位。他還說，像他這樣堅持不懈鍥而不舍地找座位的乘客實在不多。最常見的情況是：在他所在車廂裏還有若干空座位，而在其他車廂的過道和車廂接頭處，往往是人滿爲患。

他深有體會地說過，實際上大多數乘客輕易就被一兩節車廂擁擠的表面現象迷惑了，不大細想在數十次火車到站和停站之中，從火車的十幾個車門上上下下的流動中蘊藏著不少提供座位的機遇；有的人即使是想到了這樣的機遇的存在，他們也常常沒有那一份尋找空座位的耐心。對於大多數人來講，眼前一方小小的立足之地就很容易讓他們得到滿足，況且，爲了一兩個座位而背負著行囊擠來擠去，有些人也覺得不值。所以那些不願主動找座位的乘客，大多數是在自己上車的地方站很長時間，一直到火車到站下車爲止。

他的故事講完了，我從他的故事中悟出：**人的運氣其實是自己執著追求的回報**。我的這位朋友的自信、執著，讓他始終能夠握有了一張人生之旅上永遠的坐票。人生的機會不是等來的，而是需要自己積極主動的去尋求，而在尋求機會的過程中最需要一份執著的精神，因爲機會常常在你苦苦尋求的時候出現，正如古詩所描寫的那樣，「驀然回首，那人卻在燈火闌珊處」，只有這樣的機會才讓人覺得更加珍惜，只有這個時候才能品嘗到成功的喜悅。在通向成功的路上，有很多困難需要解決，有很多苦難需要忍受，這個過程是最需要執著精神的，很多人不願意堅持到底，不願意執著的尋求，常常會喪失很多機會，因爲執著會帶來機會。

衆所周知，二次大戰時期的英國首相邱吉爾是一個著名的演講家。他生命中的最後一次演講是在一所大學的畢業典禮上，這也許是世界演講史上最簡單的一次演講。不知是當時邱吉爾太過年邁，還是他將人生的最大體會進行了濃縮，在整個二十分鐘的演講過程中，他只講了一句話，而且這句話的內容還是重複的，那就是：

「永不放棄……絕不……絕不……絕不！」

當時台下的學生們都被他這句簡單而有力的話深深地震撼，人們清楚地記

得，在二次大戰最慘烈的時候，如果不是憑藉著這樣一種精神去激勵英國人民奮勇抗敵，大不列顛可能早已變成納粹鐵蹄下的一片焦土。所以邱吉爾在用他一生的成功經驗告訴我們：

成功根本沒有秘訣，如果有的話，就只有兩個，第一個是堅持到底，永不放棄；第二個就是當你想放棄的時候，請回過頭來再照著第一個秘訣去做：堅持到底，永不放棄。

智者永遠都是在孜孜不倦的追求未來，總是在不斷地尋求突破和發展，而不會在成功路上停止自己的腳步，更不會放棄自己的理想。

有位年輕人，正值兵役年齡，抽籤的結果，正好抽中上上簽，最艱苦的兵種——海軍陸戰隊。年輕人爲此整日憂心忡忡，幾乎已到了茶不思、飯不想的地步。年輕人深具智慧的祖父，見到自己的孫子這副模樣，便尋思要好好開導他。

老祖父：「孩子啊！沒什麼好擔心的。到了海軍陸戰隊，在部隊中，還有兩個機會，一個是內勤職務，另一個是外勤職務。如果你分發到內勤單位，也就沒什麼好擔心的了！」

年輕人問道：「那，若是被分發到外勤單位呢？」

老祖父：「那還有兩個機會，一個是留在本島，另一個是分發外島，如果你分發在本島，也不用擔心呀！」

年輕人又問：「那，若是分發到外島呢？」

老祖父：「那還是有兩個機會，一個是後方，另一個是分發到最前線。如果你留在外島的後方單位，也是很輕鬆的！」

年輕人再問：「那，若是分發到最前線呢？」

老祖父：「那還是有兩個機會，一個是站站衛兵，平安退伍；另一個是會遇上意外事故。如果你能平安退伍，又有什麼好怕的？」

年輕人問：「那麼，若是遇上意外事故呢？」

老祖父：「那還是有兩個機會，一個是受輕傷，可能送回本島；另一個是受了重傷，可能不治。如果你受了輕傷，送回本島，也不用擔心呀！」

年輕人最恐懼的部分來了，他顫聲問：「那……若是遇上後者呢？」

老祖父大笑：「若是遇上那種情況，你人都死了，還有什麼好擔心的？倒是

我要擔心，那種白髮人送黑髮人的痛苦場面，可不是好玩的喔！」

人生擁有的，是不斷的抉擇，端看你是用什麼態度，去看待這些有賴你決定的無數機會。能夠綜觀每件事情、每個問題的正反兩面（或許有更多面），你將發現，內心最深沈的恐懼，也在所有狀況明朗之後，將會自行化爲烏有。

最後，讓我們一起看看以下一位美國人的生平：

二十一歲失業；

二十二歲角逐州議員落選；

二十四歲生意失敗；

二十六歲妻子逝世；

二十七歲精神崩潰；

三十四歲角逐聯邦參議員落選；

三十六歲角逐聯邦參議員再度落選；

四十五歲角逐聯邦參議員落選；

四十七歲提名副總統落選；

四十九歲角逐聯邦參議員再度落選；
五十一歲當選總統。
終於經過三十一年不斷的努力，永不放棄的信念和態度，令他在五十二歲當選爲美國第十六任總統。他就是最受美國人敬仰的美國總統之一的林肯總統。

執著，從挑戰困難開始！

每個人都會碰到困難，與困難抗爭實際上是正常的，也極有挑戰性。我們的回答是：「戰勝困難就是強者！」那我們怎樣戰勝困難呢？惟一的答案，就是依靠我們自己的強項。當你在自己的生活和事業中碰到困難時，應遵循一個原則——絕不言退，發揮自己的強項！因爲，人生如戰場，試想一下，如果你身臨戰場，當你遇到困難和敵人時就趕緊後退，其後果如何？把事情做好，把困難解決掉，這不也是一種「作戰」嗎？

碰到困難絕不言退，發揮自己的強項，這包括兩個方面的含義：

㈠、要讓別人知道你並不是一個懦弱之人，一個膽小鬼。即使你做事失敗

了，你不怕困難的精神和勇氣也會得到他人的讚賞；如果你順利地克服了困難，這就更加向他人證實了你的能力！如果有人出於對你的不服、懷疑、中傷、嫉妒而故意給你出些難題，當你一一解決時，你不僅解除了他人的不良心理，而且還提高了自己的地位。

(二)、一個人一生中不可能一帆風順，事事順心如意。碰到些困難，這並不可怕，應把困難當成是對自己的一種考驗與磨練。也許你不一定能解決所有的困難，但在克服這些困難的過程中，你在智慧、經驗、心志、胸懷等各方面都會有所成長，這對你日後面對困難有很大的幫助。所謂「不經一事，不長一智」，說的就是這一道理。如果你順利地克服了困難，那麼在這一過程中你所積累的經驗和信心將是你一生當中最可貴的財富。

所以，「碰到困難，絕不言退」這句話並不只是單純地讓我們勉勵自己，它實際上具有很大的價值。如果你不相信，那就想像一種「遇難即退」的人的後果吧，這種人首先就會被人認爲是一種庸庸碌碌之人，沒有人認爲他能成就大事；而事實上也是如此，因爲他閃躲、逃避，無法克服困難、提升自己，自然也只能做一些無關緊要的小事情了。

當然，克服困難也得講求一定的方法。有些困難確實麻煩，你肯定一下子無法解決，碰到這種困難，你只能採取迂迴戰術，不可硬戰，否則會喪失自己的內力。那你也許會問，這不就是一種退卻嗎？不！這不算退卻，這與遇難而退完全不同。因爲你並未放棄解決這一困難，只是採取了一種靈活的方式。在你的心裏，時時還想著這一困難，並且正想著用各種辦法去加以解決，當你遇到困難時，可以首先評估一下：

㈠、這一困難的難度有多大？

㈡、自己的能力如何？

㈢、有無外力可以援助？

㈣、如果萬一失敗，自己對失敗的承受力如何？

㈤、這一困難值不值得自己去克服？

「留得青山在，不怕沒柴燒！」如果你評估的結果對自己不利，那你可以考慮採取一種緩兵之計。如果有獲勝的機會，而且這困難也值得你去克服，那就要

竭盡全力了。機會是稍縱即逝的，如果你輕易言退，這會成爲一種習慣，一個人一旦養成了一種畏懼困難的習慣，恐怕這輩子也就做不成什麼大事了。

邱吉爾曾說過：「一個人絕不可以在遇到危險的威脅時，背過身試圖逃避。若是這樣，只會使危險加倍。如果立刻面對它毫不退縮，危險便會減半。人要逃避任何困難，絕不！」人生並不是一帆風順的，想成功的人更會碰上許多困難與障礙。如果不能勇於面對與克服的話，障礙背後的機會就不會出現。這句話告訴我們，刻意避開反而使你更難達到目標，不如面對它，清除它，人生的機遇才會賜福給你。

有志者，事竟成

一九四六年，日本處處殘垣斷壁，一片破敗衰微的景象，人們成群結隊地離開城市到鄉村去找食物……從海軍復員的井深大和盛田昭夫，雖然都有大學文憑，但同樣找不到職業，過著窮困潦倒的生活。在軍隊裏，他們倆曾一起研究過武器，但還沒成功，日本就戰敗了。現在兩人又坐在一起商量如何尋找生計。一九四六年六月七日，盛田昭夫從父親那裏借了五百美元，井深大召集了十多個夥伴，在東京一家被炸毀的百貨商店的樓上租了一間房子，成立了「東京通訊工業珠式會社」。這個會社共有二十名僱員，其中十六名是大學畢業生，他們共同商量如何把電器變成家庭產品。六個月以後，他們研製成功了眞空電壓計，由於品質好，深受用戶歡迎。廣播協會也請他們製造廣播控制電台。由於找他們生產新設備的用戶越來越多，他們決定搬到郊外一大排簡陋的廠房裏，以擴大生產規模。這排簡陋的房子就是後來新力公司的總部。由於廠房破舊，行政人員在下雨天只好打著傘工作，工作條件雖然很差，但他們幹勁十足。

一九四九年的一天，井深大到日本廣播公司聯繫業務，偶然看到一台美製磁帶答錄機。井深大和盛田昭夫馬上意識到這個新玩意兒的巨大潛力，於是他們決心把這項美國技術買下來。他們開始動手製造答錄機，沒塑膠就用紙代替，噴上磁粉做成磁帶，終於製造出了日本第一台磁帶答錄機。一九五〇年，這兩位老夥伴就向日本市場推出了第一批答錄機新產品，但由於產品很笨重，價格又較昂貴，因而乏人問津，連學校也不感興趣。井深大與盛田昭夫召集公司全體技術人員集

中住在一家旅館裏，進行技術攻關，終於提出了一套改進方案。

幾個月後，他們製成了比第一台便宜一半，體積又小得多的手提箱式答錄機。盛田昭夫透過熟人做代理商銷售答錄機，但很不理想。於是他下決心建立自己的銷售網，這在當時日本是很不尋常的，他親自跑到學校宣傳答錄機對語言教學的巨大好處。經過一年多的努力，日本有三分之一的小學購買了他的答錄機。很快的，日本的四萬多所學校都成了盛田昭夫的主顧。緊接著，銀行、大學、電視台等部門紛紛到新力訂貨，新力答錄機成了當時日本的一大熱門貨。新力公司就這樣在日本站穩了腳跟。

要做個成功者，對你來說，最重要的是要學會在困難時刻如何堅持前進。爲了盡可能地贏得機會，你必須在緊急情況和發生問題的時候堅持下來。只要你積極主動地爲了克服困難而努力，你就有機會找到新出路之所在，從而達到自己的目的。

一位哲人說過，成功基本上是這麼一回事，即在別人已經放棄之後，你卻堅持了下來。如果你培養自己承受危機和克服困難的能力，你可以學著在自己的生活中實踐下列的獲勝技能：

(一)、局面越是棘手、越要努力嘗試

過早地放棄努力，只會增加你的麻煩。面臨嚴重的挫折，只有堅持下去，加倍努力和增快前進的步伐。下定決心堅持到底，並一直堅持到把事情辦成。

(二)、要現實點

要現實地估計自己面臨的危機，不要低估問題的嚴重性。否則，去改變局面時，就會感到有所不足。

(三)、不要畏縮不前

要使出自己全部的力量，不要擔心精力用盡。成功者總是做出極大的努力，而後，他們卻能做出更大的努力。他們不去考慮什麼疲勞、筋疲力盡等因素。

(四)、順從你的直覺

一旦你下定決心要衝向前去，要像服從自己的理智一樣去服從自己的直覺。承受家人和朋友的壓力、採取你所堅信的觀點，堅待自己的立場。是對是錯，現在就該要相信你自己的判斷力和智慧了。

(五)、正確對待自己的發火

當不幸的環境把你捲入危機之中時，生氣是正常的。一方面對你來說重要的是要弄明白自己在造成這種困境中發揮了什麼作用；另一方面，你是有權利爲了這些問題花了那麼多時間而惱火的。

(六)、每次只走一步

當經歷了一次嚴重的危機或像親人去世這樣的嚴重事件之後，在你的情緒完全恢復以前，要切記每次只邁出一小步。不要企圖當個超人、一下子解決自己所有的問題。要挑一件力所能及的事，就做這麼一件。而每一次對成功的體驗都會增強你的力量和積極的觀念

(七)、堅持嘗試

克服危機的方法不是輕易就能找到的。然而，如果你堅持不懈地尋求新的出路，和願意在成功的可能性很低的情況下去嘗試、你就能找到出路

(八)、學會把不利條件轉化爲有利條件

要保持自己頭腦的清醒，睜大眼睛去尋找那些在危機或困境中可能存在的機

會。與其專注於災難的深重，不如努力去尋求一線希望和可行的積極道路。即便是在混亂與災難中，也可能突顯你獨到的見解，它將把你牽引到一個值得一試的新的冒險之中。

絕不放棄上帝給予的機會

一九五六年，年近六十歲的哈默已覺得從事實業乏味了，他決定在日光浴、游泳、收集古玩的愉快生活之中安度晚年。但有一天，一個老朋友遠道趕往洛杉磯，告訴他一個即將倒閉的石油公司請求他財力支援的消息。哈默對石油行業純屬外行，因此只同意借五萬美元鑽兩口井作嘗試。出乎意料，兩口油井都出油了。哈默深受鼓舞，決心繼續做下去。

哈默用這五萬美元買下了該公司的股票，於是成了該公司最大股東，並掀起了該公司股票急劇上漲的大潮，公司一致推選他作爲總經理。哈默對石油行業風險極大無從估計，下決心用一千萬美元進行探勘，但一直沒有結果，最後完全失敗了，但哈默的毅力和決心終於感動了一位叫鮑勃的地質學家，他出了個好主意：

舊金山以東被德士古公司放棄的地區可能是天然氣田，應該買下來。不服輸的哈默立即集資，終於在德士古公司放棄的舊井附近六百英尺的地方鑽出了加利福尼亞第二大天然氣田，價值數億美元，幾個月後又鑽出了一個更大的天然氣田。

哈默爲天然氣尋找出路，他來到「太平洋煤氣公司」推銷產品。但那個公司斷然拒絕了哈默的要求，哈默心生一計，他跑到太平洋煤氣公司服務範圍內的大用戶洛杉磯市，提出願以低價提供天然氣的交易。這一招很靈，太平洋公司老闆主動找哈默求饒，乖乖地與他簽訂了合同。一九六六年，盛產石油的利比亞政府決定出租土地，九個國家四十多家大公司蜂擁而至，爭相簽約。哈默的小公司去投標較量，確實自不量力，自討沒趣，但哈默仍乘一架飛機趕到利比亞。

哈默和他的助手們冥思苦想，研究對策，終於想出一個標新立異的投標方式。哈默在一卷羊皮上寫上投標內容，外面用利比亞旗的三色彩帶結紮。投標書上寫著：「從本公司毛利中提取5%供利比亞發展農業，利用本公司的利潤幫助利比亞政府興建製氨廠。」一九六六年三月，利比亞政府揭榜，哈默公司順利中標，那些遠比哈默公司實力雄厚的公司無不大吃一驚，目瞪口呆。但不料天大的好事很快成爲哈默的最大隱憂。哈默石油公司連打三口乾井，每口井賠進五百萬美元，還不包括給利比亞官員的賄金。

董事會對此議論紛紛，有的大股東要求退股。哈默支援並鼓勵技術人員採用新技術，果然奏效，陸續有八口井出油，每口井每天產五~七萬桶低硫高級原油，成爲利比亞產油最多的大油田。從此，哈默成了美國石油大王。

哈默石油公司很快發展成爲石油、食品、化工等多行業的綜合性大企業，僱員四・二萬人，年營業額一百九十億美元，利潤六億美元，一九八三年，美國《幸福》雜誌公佈五百家美國大公司，哈默石油公司名列第十五位。

哈默從不承認他是億萬富翁，因爲他從沒統計過自己究竟有多少錢。人們探索哈默成功的奧秘，哈默指著他牆上掛著的林肯名言：「只看攻擊我的言論，將一事無成。只要朝目標做下去，攻擊的話將一文不值。」

第六章

拾級而上中的超數學

一、不等高的財富台階

積累財富的過程是一個由少到多的過程，就像向上爬樓梯一樣，一個台階接著一個台階，但是這個爬樓梯的過程，不同的人的速度是不一樣的，在不同的階段的速度也是不一樣的。剛開始的時候，你的財富積累是一種簡單的累加，到後來是一種快速的跳躍，再後來就是飛速的發展，這就像是滾雪球一樣，越來越大，越來越多。財富的增長也是這樣的，你一步一步向上攀登的時候，剛開始的台階也許是很低，到後來是逐級升高的，到後來，你的財富台階會越來越高。就是因爲這樣，富人的財富增長的速度更快，因爲他們已經站在一個制高點上，擁有很多的機會和資源，他們的財富台階這時候已經很高，他們上一個台階等於一般人上很多的台階。正是因爲這樣，才會形成財富收入的「馬太效應」，就是有錢的更有錢，沒錢的更沒錢。

財富增長的馬太效應

《新約・馬太福音》說：「凡是少的，就連他所有的，也要奪過來。凡是多的，我還要加給他，讓他多多益善。」因而這種「貧者愈貧，富者愈富」的現象被稱爲馬太效應。

美國在二〇〇〇年曾經公佈一份研究報告，這份報告顯示，美國貧富懸殊繼續加大。以一九九九年收入來看，1%最富裕的美國人的稅後收入相當於37%不富裕的美國人的所得，也就是說，二百七十萬最富裕的美國人的一年收入等於處在收入較少一端的一億人的收入。

與一九七七年比較，美國經濟實力有了巨大的增強，但美國絕大多數家庭所得占全民所得的比例卻是越來越小。美國五分之四的家庭收入（約二・一七億人）占全民所得的比例從一九七七年的56%下降到目前的不足50%。另外五分之一最富裕家庭（約五百四十萬人）所得比例在增長，但其中多達90%以上的增長進入了1%最富裕家庭。貧富懸殊不僅表現在各收入階層所占全民所得比例的消長，同時也反映在各收入階層稅後平均所得差距的拉大。扣除物價上漲因素，五分之一最富裕家庭稅後年收入一九七七年是七萬四千美元，一九九九年爲十萬二千三百美元，增加了38.2％，而五分之一收入最低家庭一九九九年的收入卻比一九七七年下降了12％，由一九七七年的一萬美元減少到八千八百美元。1％最富裕家庭一九九九年稅後收入高達五十一萬五千六百美元，比一九七七年的二千三萬四千七百美元增加了119.7％，他們手中一年可花費的錢財達六千二百億美元。

貧富懸殊加劇反映了財富增長的基本趨勢，即以錢滾錢，有錢的會越有錢。美國經濟持續景氣、股市繁榮、工資增加等，使富裕家庭及那些受過良好教育、有一技之長的人們獲益最大。相反，貧困家庭很少有閒錢投資股市，加上全球經濟一體化所帶來的競爭及科技因素在經濟增長中作用增大，使得受教育程度低、無專長的藍領工人家庭收入的增長難以維持。由此可見，財富增長的馬太效應是社會中的常態，是無法迴避的，是各種必然因素和偶然因素綜合作用的結果。

窮者愈窮，富者愈富

財力是必須的，具有財力的人一開始就站在了一個制高點上，一九九五年，美國出了本新書，叫《勝者通吃的社會》，所謂「勝者通吃」，就是社會已走過了資本重組的時代，那些掙著錢的還能掙錢，有名氣的人會更加出名並佔領陣地。

四十六歲的克雷格・麥考早已發跡，三年前他以一百一十五億美元的價碼，把一手創辦的麥考行動電話公司，賣給美國電話電報公司，賺了一大筆。據《富比士》雜誌估計，麥考的身價有三十五・六億美元。——這是麥考的財力基礎。

我們知道了財力的作用，就不難理解這樣一個道理：越有錢的人賺錢越容易。錢越少的人賺錢越難，如果處於貧困線以下，衣食不斷，賺錢就更難了，這就是俗語說的富者愈富，窮者愈窮。

同樣還會產生這樣一種推斷：有財力基礎的人往往漠視了錢的作用，賺錢就不夠努力，就不肯爲掙錢而辛苦；沒有財力基礎的人受夠了貧窮的滋味，賺錢的企圖心強烈，肯付出更多的努力，所以，雖然缺少財力支援這一要素，白手起家者往往能取得更大的成就。

如果達到同一目標，財力和毅力成反比，即財力越大，需要的毅力越少，財力越少，需要的毅力就越大。

如果我們以財力的大小劃分一下社會階層，大致有這幾類，一是巨富階層，這個階層的人，錢對他已失去了作用，他們的成功與否不在於如何賺錢，而在於如何花錢，爲社會服務，是謂有意義的人生；花天酒地的，是謂庸俗的人生。

第二類是中富階層，這類人大多是暴發戶所構成，正處於對金錢的惶恐與迷惑之中，理智的便上升爲巨富階層，其中的許多人是被金錢送進了地獄。因爲他們還沒有達到穩定的狀態就開始進入了享樂的人生，焉有不貶之理。

另一階層應是小康型，小康生活是社會提倡的目標，也是人數最多的一個階級，他們嚮往著成爲富翁，但優裕而安適的環境，注定了他們的平淡人生。

貧困階層是社會的最底層，他們長期生活在貧困之中，不但缺少奮鬥拼搏賺錢的起碼資本，甚至在貧困的重壓下喪失了拼搏進取的能力，以至於喪失信心和勇氣，他們的人生依然是苦難的。而能拼搏進取不斷處於上升狀態的永遠是介於小康和貧困之間的一種人，他們有改變命運的企圖心，可以獲得起碼的財力支援，所以他們的人生便是奮鬥的人生。

看看你的財富增長數列

這個世界上有很多人，他們的財富積累是一種線性的增長趨勢，就是一種數位的簡單累加，這樣的人要佔到80%以上，還有一種人，他們的財富積累是一種倍數增長，總是翻倍增長，這種人的比例很少，大概是10%再多一點，還有一種人依靠臨時收入來養活自己，他們沒有自己的產業，也沒有穩定的職業，只是臨時找到一些工作來維持自己的生活。下面讓我們來看兩個數列：

(A)、二〇〇〇，四〇〇〇，六〇〇〇，八〇〇〇，一〇〇〇〇……

(B)、一〇〇〇，三〇〇〇，九〇〇〇，二七〇〇〇，八一〇〇〇……

(C)、一八〇〇〇，〇，二〇〇〇〇，〇，一〇〇〇〇……

首先來看，數列(A)是一個很有規律的等差數列，每一次的增長都是相同的，這種財富增長方式是現實生活中的絕大多數人的財富增長方式，這些人擁有一個比較穩定的工作，他們在自己的職業環境中一般都是按月得到勞動的報酬，由於每一個月的工資是相同的，如果每月的支出相對穩定的話，他們的收入實際上就是一個等差數列，就像是在爬樓梯一樣，一個台階接著一個台階，一層接著一層，直到退休爲止。這種財富增長數列是一種非常傳統並廣爲人們接受的。不同的人的職業可能是不一樣的，他們的工資也是不一樣的，他們的工作難度也是不一樣的，但是這種等差數列的財富增長方式卻是相同的，很多人爲了這些固定的工資而苦苦尋覓，與別人競爭甚至爭鬥了一生，其實，他們始終沒有逃脫這種財富增長的模式。

這種人都是一種高級或者低級的工作者，他們是用自己的時間來換取金錢。在現實生活中，這樣的財富積累者比比皆是，銀行的出納員、公司的高級白領，還有政府機關的公務員、教師……他們的財富就像下面的容器中的球一樣，每一個月就多一個，到了最高的時候，就會積累很多，很多人一生都在計算自己的容器的容量，並關注著自己的容器中裝了多少球。

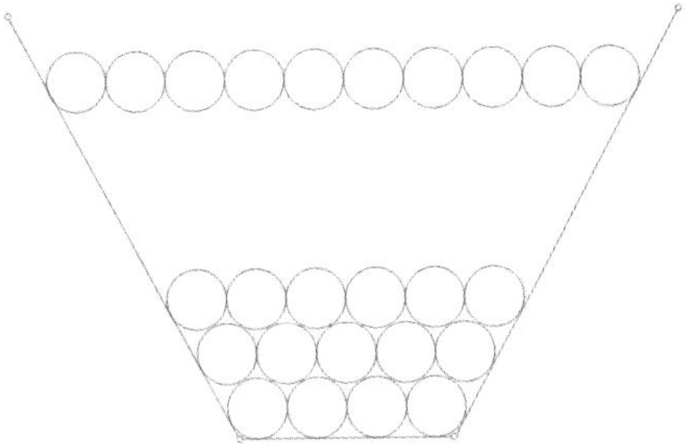

數列(B)也是很有規律的數列，這種數列叫做等比數列，是一種翻倍的增長趨勢。也許在剛剛開始的時候，財富還是比較小，但是增長的空間非常大，而且是不斷變大的，就像滾雪球一樣，越來越大，增長的趨勢越來越快，速度也是越來越迅猛。這樣財富增長方式在現實中也是非常常見的，成功的私營企業的老闆、精明的炒股專家、用錢生錢的生意人……他們的財富增長就是一種成倍的增長趨勢。比爾·蓋茲的財富在短短幾年裏迅猛增長，就是因爲他的財富增長不是一種等差數列，而是一種等比數列。但是，這種財富的增長方式的前期投入很大，還有一定的風險，所以很多人都不願意冒險，寧願過著穩定的生活，有一份穩定的工作，收入不是很高，因此，這種人是比較少的一部分，這種財富增長方式雖然是很多人夢寐以求，但是也是要付出很大的代價。

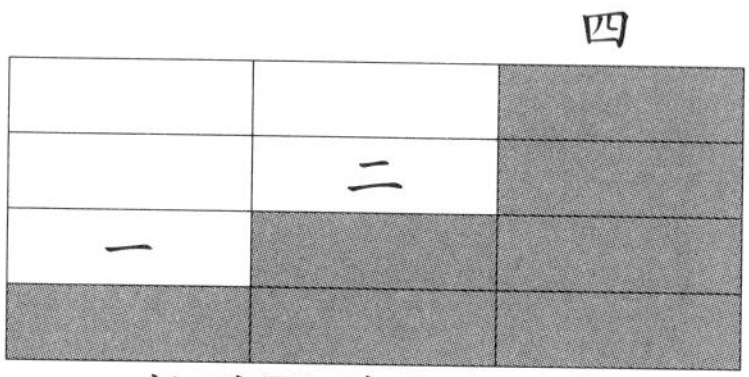

數列(B)增長的形勢

如果說第一種人的財富台階是等高的，那麼第二種人的財富台階就是逐級升高的，行走在這種財富台階上的人都是一些具有創意的生意人和精明的投資家。

在衆人的眼裏，每一個人的財富都在增長，但是不同的增長階段的數量差距是很

大的，一分錢和一毛錢的差距是九分錢，一毛錢和一元的差距是九毛錢，一萬元和十萬元的差距是九萬元，十萬和一百萬的差距就是九十萬元，這種差距是十分驚人的。你的財富台階的高度是哪個層次呢？這要你自己來建設，自己來經營。

數列(C)是毫無規律的數列，這種財富增長方式是一種臨時工作報酬的反映，在現實生活中，我們看到這樣一些人，他們沒有固定的工作，也沒有自己的產業，他們能夠找到一些臨時的工作來獲得一些收入，比如自由創作的作家、工程隊的隊長……他們往往依賴自己在某一方面的技術來獲得一些臨時性的工作。一次性的收入要遠遠高於固定職業者，但是這種收入是不連續的，他們往往要爲自己的渠道來苦苦等待，其實也是很累的。

對於這部分的人來講，他們無所謂自己的財富台階的高低，因爲他們根本就沒有自己的財富台階，他們是在做不規則的跳躍運動，這種運動在短時間內會有一個比較高的高度，但是從可持續的角度來講，能夠達到的高度是很有限的。

二、解讀你的財富密碼

《窮爸爸・富爸爸》中提到過一種現金流象限，一共四個象限，用來形容人的收入來源，右上角是Employee即爲別人打工，左上角是Self employed亦即自己爲自己打工，例如自己開飯店，左下角是Business owner即實業家，開公司，這是那種老闆不在公司也能運作良好的企業，右下角是Investor就是投資家，總歸來說，上面的是靠自己的勞動來獲得收入，一般來說越忙錢越多，左下角的老闆呢？是靠別人的勞動獲取收入，右下角的投資家是靠錢來獲取收入，一般來說是越閒錢越多，我想我們應該經常想想這個象限，努力的讓自己從上面挪到下面。實際上，這四個象限是不同的財富基礎，不同的財富基礎就有不同的財富生產模式。

第一象限：Employee（僱員）

這類人沒有自己的資產，只能依靠雙手爲自己所在的企業勞動才能生活下去，一旦失去勞動能力被企業解僱，後果難以想像。大多數人目前就處於這個象

限之中，對此肯定深有體會。

第二象限：Self-employed（自由職業者）

這類人同樣沒有自己的資產，只是具有較爲高超的個人技藝，不願爲他人所用，依靠自己的獨特才能立於世間。說實話，這類人過得也很艱難，我現在就屬於這個象限，靠寫作爲生，過得倒還可以，寫得好的比第一象限的好混許多，寫得不好根本就無以立足。

第三象限：Business-owner（企業所有人）

這類人有自己的資產，知道利用別人來爲自己牟利，當然他們生活的風險也很大，隨時得面臨破產的危機。但是透過不斷探索，他們會生活得很好。

第四象限：Inverstor（投資者）

這類人有自己的資產，而且善於運用自己的資產投資於有穩定收益的領域，他們同樣面臨風險，但是如果風險可以控制在可以接受的範圍之內，他們就是成功的投資者。

可以肯定的是，不同的象限人物在成功的道路上有著不同的起步姿勢。如果你擺不好這個姿勢，就會在起跑的時候跌倒。這就是所謂的「自知之明」。跟成功的象限規則合作，你能夠在人生道路的每一階段都能賺到錢。

你在哪個財富象限？

這四個財富象限，你處在哪個象限呢？

處在第一象限的人，人數最多，這個象限的橫座標和縱座標都是正數，因此，在這個象限裏面的人，他們的職業生活比較平穩，沒有什麼大的風險，他們可以在這個象限裏面移動，但是從一個地方移動到另外一個地方，往往要付出一定的代價，要犧牲一些自己的利益，這個移動的過程就是跳槽，如果一個人一生換過很多的工作，他在第一象限就會有很多的座標點，將這些座標點連接起來，就會成爲一條直線或者曲線，如果一個人一生在一個領域中從底層一直到高層，兢兢業業成績卓著的話，他的工作會呈現出一條射線狀。如果一個人換過很多職業，但是平平庸庸，那麼他的工作就會呈現出不規則的曲線。

處在第二象限的人，人數也比較多，主要是一些自由職業者，和一些具有一定的技術的人員，他們憑著自己的技術或者某一方面的特長來賺錢，實際上也是辛苦錢。這個象限的橫座標是負數，縱座標是正數，也就是說需要冒一定的風險，因爲他們的工作沒有連續性，沒有一個持續的、安定的收入保障，但是由於有技術作爲保障，所以基本上是「空手套白狼」，沒有把自己的資金注入，就沒有資金縮水或者虧本的危險，因此，他們常常是沒有資本的資本家。

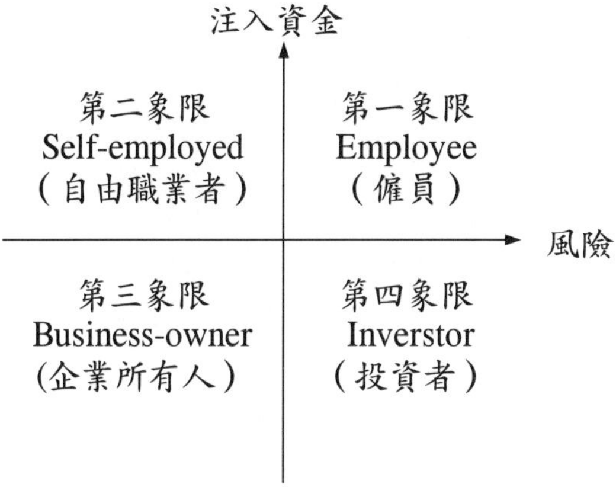

處在第三象限的人，人數不是很多，這些人主要是企業的所有者，他們的生命線就是利潤，他們的目光始終盯著市場，利潤是他們追求的唯一目標，也是他們商業活動的血液，如果沒有這樣的血液的話，他們很快就會垮台。這個象限的橫座標和縱座標都是負數，就是說這些人不僅僅要冒著很大的風險，還要投入自己的資金在裏面，他們需要盈利，把自己的資金收回來還要賺到一定的利潤。他們的經營是最徹底的，因此他們的難度也是最大的，但是他們的收入也常常是最豐厚的。

處在第四象限的人，人數不多，這部分人一般是手中有大量的財富，他們用手中的流動資金來進行投資，利用別人的固定資產和人力資源，自己從利潤中提取一部分作爲自己的投資報酬，這種人的錢賺得比較容易，但是也要承擔一定的風險，如果受投資一方的運作不順的話，很可能會虧損，這種情況下，投資家的利潤也有如石沈大海。因此，第四象限的點的橫座標是正數，而縱座標是負數。

這幾個財富象限的人不是一成不變的，而是互相流動的，如果在第一象限做的很好，很可能積累一些財富之後，就搖身一變成爲一種投資者或者企業的擁有

者，還有一些人，他們既在第一象限，同時又在其他象限，這樣的人常常是比較有能力的高手。

「滾雪球」的秘密

滾雪球是一種非常常見的理財思路，你的雪球怎麼樣才能越來越大是有一定的規則。那麼，究竟是什麼決定了我們的雪球大小呢？簡單說，就是「資源」。

資源可以解釋爲做某事所須具備的某些條件。資源包括金錢、設備以及你所擁有的任何看得見的物質財富；也包括創意、理念、知識、技能以及其他素質；還可以表現爲人際關係、某種資格或特殊的機遇。其實，馬太效應中所謂「強」與「弱」，就是指其可掌握和使用的資源的多與少。

資源的多寡決定了你究竟是在馬太效應的哪一邊。不幸的是，絕大多數人都是缺乏資源的。這也正是爲什麼馬太效應總是令人們感覺沮喪的原因。當你自己的資源不足，卻很想要一個大大的雪球，你可以試試下面的方法吧——

做一個有用的「寄生者」

在所謂「成功人士」中，個人奮鬥、白手起家者只是少數，多數人還是透過服務於大公司、大企業才得以「實現自我」。換言之，他們可以說是大組織中的「寄生者」。提起「寄生者」，很多人或許感到不悅。但我們身體裏無數「寄生者」中的大多數不僅對身體無害甚至有益。例如我們能消化食物，就是因爲寄生在腸道中的菌類將食物分解，轉化爲人體可以吸收的養分。與其說這些小東西寄生在我們身上，倒不如說與我們之間是一種和諧共生的關係。

如果一個「寄生者」足夠「聰明」，它一定會選擇做一個有益的「寄生者」，因爲它靠寄主生存，如果它導致寄主受到損害，它自己也會面臨麻煩。做一個毫無用處的吃閒飯者是毫無前途的，如果要成功地「寄生」，就必須對你所寄生的組織有用。你可以是一個得力的員工，也可以是一個可信賴的合作夥伴。總之，你必須要讓對方明白：允許你「寄生」是值得的。

你越是使用你的資源，它就增值得越快

先看看金錢。回想一下《聖經》中的寓言，那個用一錠銀子換了十錠銀子的人（可以想像他是如何高效率地使用這一本錢的），還有那個把一錠銀子用布包起來惟恐弄丟的人，哪種方法更可取？才能（或者天賦）更是這樣，美術大師不停地作畫，音樂大師每天花費幾小時練習，都是爲了使自己的才能更出色。不僅藝術家如此，那些工作效率最高、工作成果最好的人，都是在不斷努力中使自己的才能充分發揮的。才能不是僵化的東西，它是在磨練中成長的，只有在實踐中我們才會發現自己的不足之處，而克服困難的過程自然也提高了我們的才能。

時間這個資源有點特別，因爲每個人的時間是一定的，你花費時間做這件事，就一定無法再用於其他事。可是觀察一下身邊的人，老是抱怨「時間不夠用」的恰恰是那些做事最少的人，這是怎麼回事？

問題在於不同的時間利用率，一個做事迅捷、工作效率高的人，即使同時應對幾件事也能勝任愉快，而一個行動遲緩的人，也許一天下來連一件事也做不成，區別就在於前者已經養成了良好的習慣，而且掌握了做事的最簡捷的方法。而後者，只是學會了拖延，他的事情總是無法完成，所以時間也總是不夠用。

學會「集中優勢兵力」

將你的時間、精力、才能、金錢等投入最有希望獲勝的戰場，確立自己在這一領域的優勢地位。你的每一場勝利都使雙方的實力對比發生變化，這樣不斷「積小勝爲大勝」，直至取得全局性優勢時，「最後的決戰」也就勝券在握了，因爲「馬太效應」已經站在你這一邊。

在這方面，萬科公司就是一個成功的例子。萬科曾涉足飼料、零售等領域，但後來都退出了。萬科集團創始人王石解釋：其實當時這些生意的收益也都不錯，主動退出是爲了集中全力於房地產。這一決策最終成就了萬科房地產業「龍頭老大」的地位。

成功地運用「馬太效應」，我們的雪球一定會越滾越大。當然，什麼事情都不是一蹴可及的，或許在前進的道路上，我們的雪球會突然停下來，不要緊，你

只要充滿自信地走向前，推一把，不就行了。

解讀你的財富鞦韆架

財富之路不僅僅是金錢積累的過程，在這個過程中有很多人生哲理蘊含在裏面，這些道理其實就在我們身邊的一些小小的體會中。我注意到，鞦韆的原理就蘊含了豐富的道理。這些道理完全可以成爲財富積累的思想。

蕩鞦韆原理一：鞦韆所盪到的高度與每一次加力是分不開的，任何一次偷懶都會降低你的高度，所以動作雖然簡單卻依然要一絲不苟地「踏實」。

每個人都會做卻又不屑於做的動作和事情，貫穿於整個日常生活，甚至你完成了這樣的一個動作，自己都不記得。比如你每天都會把垃圾帶出去扔掉，你會記得你用怎樣的動作扔掉的嗎？這也正像全世界都談論「變化」、「創新」等等時髦的概念時，「踏實」是每個人都能夠做到的，可是你眞正做到了新含義的「踏實」了嗎？你得到每一筆財富都有一定的原動力，你有一次的偷懶，就會使得自己的財富鏈條斷裂或者出現縫隙。

先看一個事例：美西戰爭爆發以後，美國必須立即跟西班牙的反抗軍首領加西亞取得聯繫。加西亞將軍掌握著西班牙軍隊的各種情報，可是他卻在古巴叢林的山裏，沒有人知道確切的地點，所以無法聯絡。然而，美國總統又要儘快地獲得他的合作。一名叫做羅文的人被帶到了總統的面前，送信的任務就交給了這名年輕人。

一路上，羅文在牙買加遭遇過西班牙士兵的攔截，也在粗心大意的西屬海軍少尉眼皮底下溜過古巴海域，還在聖地牙哥參加了游擊戰，最後在巴亞莫河畔的瑞奧布伊把信交給了加西亞將軍。而羅文被奉爲英雄。這就是二〇〇〇年被美國《哈奇森年鑒》和《出版商週刊》評爲「有史以來世界最暢銷圖書」第六名的《致加西亞的信》。

只要你仔細琢磨，就會發現羅文所做的事情一點也不需要超人的智慧，只是一環扣一環地前進，也就是我們常說的「一步一腳印」。**踏實地做事並不等於原地踏步、停滯不前。它需要的是有韌性而不失目標，時刻在前進，哪怕每一次僅僅延長很短的、不爲人所矚目的距離。**「突然」的成功大多來自這些前進量微小

而又不間斷的「腳踏實地」。在你積累到大量的財富之前，你的一點一滴的積累都是非常重要的。

「盪鞦韆」原理二：後一次所達到的高度與前一次是分不開的，環環相扣的，「踏實」可以達到分散幾次望塵莫及的效果。

你也許會說，做這樣瑣碎的事情也會積攢出成功嗎？那麼我們來看一下身邊的同年齡人的故事吧！

大學時讀經濟管理的趙小姐來公司已經半年了，她的職位是財務助理，實際上類似於一個打雜的。趙小姐每天面對的是形形色色的報表，而她只需要把這一疊報表複印、裝訂成冊即可。在財務人員忙得不可開交時，她會去幫忙。

面對這樣凌亂而且不太可能有發展機會的工作，你是不是得過且過，然後尋找一個機會跳槽？我們來看一下趙小姐的做法。

在她複印並裝訂報表的時候，先仔細地過目各種報表的填寫方法，逐步地用經濟學分析公司的開銷，並結合公司的一些正在實施專案，揣度公司的經濟管理。工作到第八個月的時候，趙小姐書面彙報了公司內部一些不合理的經濟策略，並提出相應的整改意見。現在的她，已經是公司的高層決策人。

很顯然，處理和分析日常瑣碎事務體現了一個人的能力。也就是說，在摺紙、擺榖粒這樣簡單的動作中，要自主地發揮本身具有的內涵。你要能夠在很基礎、很凌亂的事情中保持冷靜的分析、思考，這樣你才會把自己所做的昇華爲成功。否則，就算你再踏實，日復一日只是單純的重複罷了。不要小看摺紙的藝術。每一次的摺疊，本身的厚度不僅僅是增加兩倍那麼簡單。小財不斂，大財不來，這是非常重要的。不積小流，無以成江海，你的財富像爬樓梯一樣一個台階接著一個台階，如果想要爬上一級的台階，一定要首先登上這個台階。如果你已經擁有五百萬，你可以站在一定的高度來投資和進行商業活動，但是你如果沒有五百萬，你的所有的設想都不會實現。

邋鍬饢原理三：鍬饢邋得越高，所擁有的空間就越大，所擁有的機會也就更多，你需要學會欣賞和把握。

踏實地做不代表錯失良機。在很多人的眼裏，一旦人站在一定的高度之後，他的空間就會越來越大，他的資源就會越來越豐富，因此他的財富增長空間也是

越來越大，在這個時候，你就可以輕輕鬆鬆來賺錢，就可以隨心所欲了，其實，這是一種錯誤的看法，因爲機會越多還需要自己及時把握。你仍然需要踏實，因爲踏實不是一種笨拙，而是一種做事情的行爲。

你年輕聰明、壯志凌雲。你不想庸庸碌碌地了此一生，渴望聲名、財富和權力。因此你常常抱怨：

那個著名的蘋果爲什麼不是掉在你的頭上？那只藏著「老子珠」的巨貝怎麼就在巴拉旺而不是在你常去游泳的海灣？拿破崙偏能碰上約瑟芬而英俊高大的你總沒有人垂青？但是，掉下一顆蘋果的時候，你把它吃了。你閒逛時被碩大無比的卡里南鑽石絆倒，可是你爬起後，卻怒氣沖天地將它一腳踢下陰溝。最後你像拿破崙一樣，先是被抓進監獄，撤掉將軍官職，被趕出軍隊，然後身無分文的你被趕到塞納河邊。就在約瑟芬駕著馬車匆匆趕向河邊時，遠遠地聽到「撲通」一聲，你投河自盡了。

你缺少的僅僅是機會嗎？

「踏實」不代表木訥的頭腦和缺少競爭意識，相反的它對這些提出了更高的要求。記得爲機會開門。踏實的人不是被動的人。在通往成功的道路上，每一次機會都會輕輕地敲你的門。不要等待機會爲你開門，因爲門栓在你自己這一面。機會也不會跑過來說「你好」，它只是告訴你「站起來，向前走」。

要善於發現機會。很多的機會好像蒙塵的珍珠，讓人無法一眼看清它華麗珍貴的本質。踏實的人並不是一味等待的人。要學會爲機會拭去障眼的灰塵。

也要善於把握機會。踏實不等於單純的恭順忍讓。沒有一種機會可以讓你看到未來的成敗，人生的妙處也在於此。不透過拼搏得到的成功就像一開始就知道眞正兇手的懸案電影般索然無味。選擇一個機會，不可否認有失敗的可能。將機會和自己的能力比對，合適的緊緊抓住，不合適的學會放棄。用明智的態度對待機會，也使用明智的態度對待人生。脫穎而出的「腳踏實地」關鍵在於找到合適的機會秀出你自己！

第七章

沿著前人的脚印能走得更遠

一、創新從模仿開始

我們生活在一個複製的世界中，所有人都很擅長的一件事——模仿。我們的生活和工作的99%都是在模仿或者在重複著前人的成績，只有1%的人在從事創造性的工作。我們每一個人在模仿的同時又是一個創新者，因爲我們每一個人的特點都是不同的，我們在模仿前人的成就的時候，往往會融入自己的風格，會結合一些實際情況來進行變通，所以我們模仿的成果確是千姿百態的。

過去，我們一直在強調創新。創新是應該大力提倡的，就像一個社會必須大力提倡科技一樣，但是並不是每一個人都能成爲科學家，也沒有必要讓每一個人成爲科學家，因此，絕大多數人的一生都在複製，都在模仿，這是鐵一般的事實。我們都是那99%中的一分子，只有1%在探索、在創新。我們每個人都與生俱來某些天賦或素質，它們使我們成爲獨一無二的人。一些人成爲偉大的舞蹈家，而另一些人的腳跟不上節拍；一些人有藝術天分，另一些人則畫不出一根棍子；一

些人是偉大的運動員，而另一些人則跌跌撞撞才能走完一條直路。我們所有人都非常擅長、毫無例外的，是模仿。

前人的成果是一筆很大的財富，後來更多的人是在模仿前人的成果，能夠創新的人只是其中很少的一部分。所以，絕大多數人的一生實際上是在模仿前人，模仿前人的思維、方法，只有很少一部分人能夠創新。

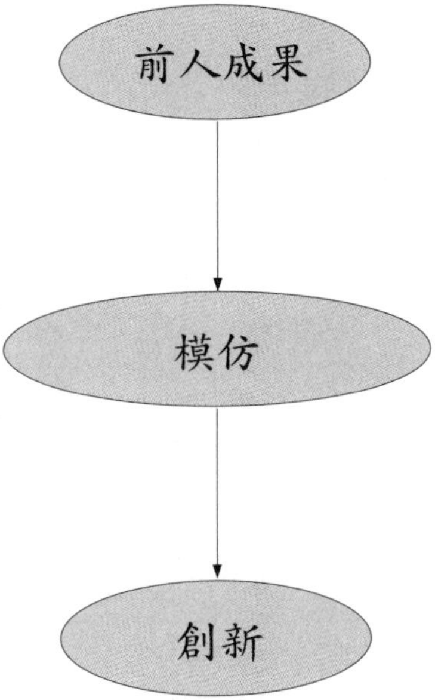

莎士比亞最著名的舞台劇，就是那部悲劇王子復仇記——《哈姆雷特》。但該劇並非莎翁的創作，而是源自丹麥的一則傳奇故事。那則平淡無奇的傳說，經莎翁改編之後，成了光芒萬丈的經典名劇。這是舊元素經過改良後，所產生的偉大創意。

如果你是一位愛聽笑話的人，必定會發現，任何新笑話不過是老笑話的改良版罷了。原因是，眞正新鮮的笑話太少了，只能藉著改良或新編舊笑話，才創造出新笑話。

日本的經營之神松下幸之助深諳「改良」的道理，因此從創業之後，一直秉持「改良舊產品、大量生產、降低成本、低價售出」的經營策略，打出了一片大好江山。

其實不只松下，日本許多企業家也深刻體會出「改良」的重要。瞧瞧日本稱霸國際市場的產品：汽車、電視、照相機、錄影機……全都從模仿外國產品起步，而後逐漸改良產品的形狀與性能，再努力使生產線合理化，最後終於能降低成本、生產出具有競爭優勢的產品。

哈佛大學教授李維特提出了「創造性模仿」的學說，**「創造性模仿」絕非仿冒，它的基本精神是創新的、積極的，透過對舊產品的改良或重組後，產生另一**

全新的產品。是在原有的仿照的基礎上更進一步創新。管理大師彼得•杜拉克說：「創造性模仿者並沒發明產品，他只是將始創產品變得更完美。或許使始創產品又具備一些額外的功能，或許始創產品的市場區隔欠妥，之後進行調整以滿足另一市場。」

你有沒有想過我們模仿得多麼棒？在模仿方面，我們都有天賦。我們是複製貓天才！模仿是我們優秀的共同特徵，無論我們住在哪裡，無論我們個性如何，無論我們多麼貧窮或多麼富有，黑皮膚或白皮膚，男性或女性，我們都很擅長模仿。

然而爲什麼我們找不到模仿創造財富的途徑？

從搖籃到墳墓的模仿之路

我們自娘胎起就開始模仿。我們模仿語言、飲食習慣、髮型、走路姿勢，衣服穿著。

當我們進入學校，我們透過模仿字母來學會閱讀與寫作。如果你在西方受教育，你模仿從左到右的閱讀習慣；如果你在亞洲的某些地區受教育，你會模仿從右到左地寫字。

當我們長大後，我們學習透過模仿來學駕車，不是嗎？教練告訴我們如何檢查後視鏡、開方向燈、輕踩油門、不超速駕駛，然後在十字路口停下來。向駕駛教練模仿得越好，通過駕駛考試就越容易。

入鄉隨俗

我們如此擅長模仿周圍的人，以致於被來自其他文化的風俗和習慣所嚇住，這就是「入鄉隨俗」的含義。這是說明我們要尊重不同文化的說法，尤其是我們訪問其他國家的時候。

但是，說時容易，做時難。我們已習慣了模仿我們周圍的習俗，以致於當我們聽說其他文化所模仿的東西時，常感到有趣或很驚訝。看一看下面世界各地電視愛好者喜歡的零食清單，你就會明白我的意思：

美　國——玉米

中　國——鳳爪
日　本——茶三明治
墨西哥——烤玉米餅
印　度——羊肉三明治
南　韓——曬乾的蝦皮

你會不會嚇一跳「他們怎麼會吃那玩意兒？」吃曬乾的蝦、鳳爪？開玩笑吧！但如果你在南韓長大、邊看電視、邊吃什麼零食呢？對了，就是曬乾的蝦皮。

這就是我想說的：不同文化間有無數差異，但所有文化的共同，便是我們學習所在的文化的方式——我們模仿。我們模仿得太多以致視若無睹。模仿得如此普遍，它成了我們的第二天性，如同呼吸那樣。因此我再問你一遍：爲什麼我們找不到模仿創造財富的途徑？

我已經告訴你這是個笑話，但其中含意非常嚴肅。

爲什麼我們找不到複製創造財富的途徑？

想一下，我們複製了生活中其他所有的東西，不是嗎？我們唯獨沒有學會複製創造眞正財富。讓我們花幾分鐘談談複製的威力，然後我們來看看大多數人找不到複製創造財富的途徑的一些原因。

別誤會，模仿是人類所知的最有威力的學習工具。模仿影響了我們的一生，從我們的細微習慣到最大的改變生命的決定。

例如，我們把生命的一大半花在工作上。你是否有停下來思考你如何完成工作上的任務？你是如何學會用電腦來寫信的？你是怎麼知道穿什麼樣的衣服去辦公室的？你是如何教新員工的？透過讓他們來模仿你所做的，對嗎？心理學家把它稱爲「示範和鏡子效應」，我把它稱爲職業複製貓。

毫無疑問，我們一生中從搖籃到墳墓都在模仿，因爲它很容易、無須每次都要重新創造，而且有效果，而我們天生就是模仿天才。俗話說「猴子看，猴子做（Monkey see, monkey do）也可以說成：「人看，人做」（People see, people do）。所以我說，我們生活在一個複製貓的世界裏。如果有一樣事是世界上所有、每一個人都擅長的，那就是模仿。

模仿打工的一段簡短歷史課

我們甚至模仿了賺錢的方式。幾千年來，農夫的孩子們模仿父母而成爲農夫；鞋匠的孩子們成爲鞋匠。所以我們有很多人的姓是從行業名稱而來，如Farmer（農夫）、Smith（鐵匠）、Carpenter（木匠）、Tailor（裁縫）。

工業革命來到後，成千上萬農夫和鞋匠的孩子們脫離了他們的家族行列，去到城市裏模仿一個新的工作概念——打工。

模仿打工在幾代人中都有不錯的效果，尤其在美國這個無可爭議的工業革命大王。二十世紀的前半世紀有兩次世界大戰和一次大蕭條，大多數人都因模仿他們的家庭或朋友，獲得一份朝九晚五的工作而歡欣；只要人們的期待收入不超過他們的生活水平，模仿「要找份工作」心態的人們都對已經擁有的東西心滿意足。

模仿前三思

正如生活中大多數事情那樣，模仿也有不足之處。單純因爲我們模仿一些東西並不能讓它變好、更有效率或更有生產力。不幸的是，太多人把模仿作爲我們思維懶惰的藉口。

它讓我想起一個在大街上的老店主的故事。他在自己的店前窗台上放了一個從曾祖父傳下來的掛鐘。幾年來他注意到一個衣著高貴的男士每天中午走過店鋪，會在曾祖父傳下來的掛鐘前停住，掏出一個鉈錶，小心地對時間。

一天，店主終於按捺不住好奇心，當那個男人在曾祖父傳下來的掛鐘前停下來時，店主衝出了店門口問男士爲什麼每天都要對時。

男士笑著回答說：「我是磨房的廠長，我每天五點吹下班哨聲，我要讓哨子每天都準時響起。」店主驚訝地看著他，然後捧腹大笑。男士退後一步，怒氣沖沖地說：「爲什麼會這麼好笑？」

「對不起，」店主回答說，「我不是故意笑你，但實在太好笑了，這麼多年來我都是根據你的五點鐘哨聲來調掛鐘。」

這個故事是模仿的弊端最好的例子。我們模仿別人，別人模仿我們。然後我們假設我們模仿的對象有「正確的答案」，我重複一遍，我們假設模仿對象是正

確的人。

我們根本不假思索就找份工作的情形也一樣，我想大多數人假設工作是創造財富的最好途徑；而事實上，工作並不能創造眞正的財富；工作創造的是臨時收入，兩者之間有重大的差異。

讓我們來重新審視打工

正如我前面所說的，模仿是我們人類所知道最有威力的工具。但我們要不時停下來審視我們對模仿對象的假設及原因，以便模仿確實能給我們帶來我們認爲能帶來的。

本章內我始終問這個問題，「爲什麼我們沒有找到模仿創造財富的路徑？」答案是顯而易見的。我們大多數人一直都在模仿工作軌道，而不是創造財富軌道。

爲什麼？因爲大多數人假設一份工作是實現他們經濟夢想的唯一途徑。可能他們並不知道工作以外的選擇，可能他們不相信財富的另外來源，可能他們不相信自己能透過工作以外的方式來創造眞正的財富。

無論是什麼原因，結果都是一樣的。大多數人成了那95％，而不是少數人的5％，因爲他們模仿了工作軌道，創造的是臨時收入而已，非眞正的財富。

你又如何呢？你選擇了模仿什麼呢？你選擇像那些模仿工作軌道的95％的人嗎？抑或選擇像那些模仿創造財富的5％的人？

有個智者曾說過，「你的思想就像一個降落傘，只有當打開時才工作」。今天，我們應比以前任何時候都要打開思維，明白工作僅僅是創造收入的一種方式，而不是創造財富。

我相信人們如果嚴肅認眞地希望自己能在生活中前進，而不是前混，他們應跳出假設，向創造財富之路打開思維之門。

我相信那些95％的人，也就是那些不斷進入標明「工作」之門的人，會不斷地回到他們出發時的大街上，但是，我相信如果我們確實眞誠地想要不同的結果，想要成爲5％的人，我們需要邁進通向創造財富的門檻。

二、懂得堅持的人笑到最後

一九二一年六月二日，電報誕生整整二十五週年。美國《紐約時報》對這一歷史性的發明，發表了一篇簡短的社論，其中傳達的一個重要資訊是：現在人們每年接受的信息量是二十五年前的五十倍。

對這一消息，當時在美國至少有十六人做出了反應。那就是，創辦一份文摘性刊物，讓人們能在浩如煙海的資訊中，儘快獲得自己需要的東西。這十六人中，有律師、作家、編輯、記者，甚至還有一位名叫瑟・麥卡錫的國會議員，他們都認爲這類刊物必定有廣闊的市場。

在不到三個月的時間裏，他們都到銀行存了五百美元的法定資本金，並領取了執照。然而，當他們到郵政部門辦理有關發行手續時，即被告知，該類刊物的徵訂和發行暫時不能代理，如需代理至少要等到明年中期選舉過後。得到這一答覆，其中的十五人爲了免交執業稅，向管理部門遞交了暫緩執業的申請。

只有一位叫德威特·華萊士的年輕人沒有理睬這一套，他回到他的暫住地——紐約格林威治村的一個儲藏室，和他的未婚妻一起糊了二千個信封，裝上徵訂單運到郵局寄了出去。

從此世界出版史上的一個奇蹟就誕生了。到二〇〇二年六月三十日，他們創辦的這份文摘類刊物——《讀者文摘》已擁有十九種文字，四十八個版本，發行範圍達一百二十七個國家和地區，訂戶一億人，年收入五億美元。

華萊士最後能夠成功地創造《讀者文摘》，就是因爲他懂得堅持自己的夢想，面對困難和挫折，他沒有退縮，堅持成就了自己的事業。在我們創業的過程中，會有許許多多的難以預測的苦難，很多人正是在面對這些困難的時候，開始退縮和猶豫，常常會喪失很多的機會，只有那些堅持不懈的人最後才能到達成功的彼岸。

我的父親曾經講過這樣一個故事：

一個農場主在巡視穀倉時不愼將一只名貴的金錶遺失在穀倉裏。他遍尋不著，便在農場門口貼了一張告示：要人們幫忙尋找，並懸賞一百美元。人們面對

重賞誘惑，無不賣力地四處翻找，無奈穀倉內穀粒成山，還有成捆成捆的稻草，要想在其中找尋一只金錶如同大海撈針。人們忙到太陽下山了仍然沒找到金表，他們不是抱怨金錶太小，就是抱怨穀倉太大、稻草太多，他們一個個放棄了一百美元的誘惑。只有一個窮人家的小孩在衆人離開之後仍不死心，努力尋找，他已整整一天沒吃飯，希望在天黑之前找到金錶，解決一家人的吃飯問題。

天越來越黑，小孩在穀倉內堅持尋找，突然他發現一切喧鬧靜下來後有一個奇特的聲音，那聲音「滴答！滴答！」不停地響著。小孩頓時停止尋找。穀倉內更加安靜，滴答聲響得十分清晰。小孩循聲找到了金錶，最終得到了一百美元。

父親告訴我說：成功的法則其實很簡單，而成功者之所以稀有，是因爲大多數人認爲這些法則太簡單了，沒有堅持，不屑去做。這個法則叫做堅持不懈。成功如同穀倉內的金錶，早已存在於我們周圍，散佈於人生的每個角落，只要執著地去尋找，專注而冷靜地思考，我們就會聽到那清晰的滴答聲。

一個富有冒險精神，對朋友眞誠，友善的小男孩伴著他那傳奇的經歷，征服了全球億萬讀者。他就是英國女作家J・K・羅琳所創作的「哈利・波特系列小說」中的主人翁。你想知道J・K・羅琳是怎樣完成這部小說的嗎？

和其他作家一樣，年輕的羅琳酷愛寫作，是一個天眞浪漫、充滿幻想的英語教師。幸福的家庭，稱心的工作都足以讓羅琳滿足。可是沒想到，甜蜜的家庭、美滿的婚姻和理想的工作在一瞬間變成了昨日雲煙。丈夫離她而去，工作沒有了，居無定所，身無分文，再加上嗷嗷待哺的女兒，羅琳一下子變得窮困潦倒。但是，家庭和事業的失敗並沒有打消羅琳寫作的積極性，用她自己的話說：「或許是爲了完成多年的夢想，或許是爲了排遣心中的不快，也或許是爲了每晚能把自己編的故事講給女兒聽。」她成天不停地寫呀寫，有時爲了省錢省電，她甚至待在咖啡館裏寫上一天。就這樣，第一本《哈利・波特》誕生了。然而，羅琳向出版社推薦這本書的時候，卻遭到了一次又一次的拒絕，沒有誰對這本寫給孩子的童話書感興趣。可是羅琳並不氣餒，直到英國學者出版社出版了第一本《哈利・波特》創下了出版界的奇蹟，被翻譯成三十五種語言在一百一十五個國家和地區發行，引起了全世界的轟動。

羅琳成功了，可是誰又知道，這成功的背後包含著多少辛勤的汗水和艱難。

朋友們，這個故事讓我們看出：**成功的道路並不是一帆風順，但只要我們有信心、有熱情、有目標、能夠持之以恒地堅持努力，成功就會一步一步向我們走來。**

如果你要爲自己建造一座財富的房子，如果要爲自己修建一條財富的凝聚力，這是一項浩大的工程，絕對不是一朝一夕之功，在你修建凝聚力的過程中，也會遇到各式各樣的困難，這就需要你堅持不懈，如果沒有毅力常常是難以完成的。很多人之所以難以堅持下來，常常是因爲沒有強大的毅力。他們常常把成功想像的過於困難，其實成功在不成功者的眼裏很困難，但是在成功者的眼裏卻很簡單。

成功並不像你想像的那麼難

一九六五年，一位韓國學生到康橋大學主修心理學。在喝下午茶的時候，他常到學校的咖啡廳或茶座聽一些成功人士聊天。這些成功人士包括諾貝爾獎獲主、某一些領域的學術權威和一些創造了經濟神話的人，這些人幽默風趣，舉重若輕，把自己的成功都看得非常自然和順理成章。時間長了，他發現，在國內時，他被一些成功人士欺騙了。那些人爲了讓正在創業的人知難而退，普遍把自己的創業艱辛誇大了，也就是說，他們在用自己的成功經歷嚇唬那些還沒有取得成功的人。

作爲心理系的學生，他認爲很有必要對韓國成功人士的心態加以研究。一九七〇年，他把《成功並不像你想像的那麼難》作爲畢業論文，提交給現代經濟心理學的創始人威爾・佈雷登教授，佈雷登教授讀後，大爲驚喜，他認爲這是個新發現，這種現象雖然在東方甚至在世界各地普遍存在，但之前還沒有一個人大膽地提出來並加以研究。驚喜之餘，他寫信給他的康橋校友——當時正好坐在韓國政壇第一把交椅上的人——朴正熙。他在信中說，「我不敢說這部著作對你有多大的幫助，但我敢肯定它比你的任何一個政令都能夠讓人撼動。」

後來這本書果然伴隨著韓國的經濟起飛了。這本書鼓舞了許多人，因爲他們從一個新的角度告訴人們，成功與「勞其筋骨，餓其體膚」、「三更燈火五更雞」、「頭懸樑，錐刺股」沒有必然的聯繫。只要你對某一事業感興趣，長久地堅持下去就會成功，因爲上帝賦予你的時間和智慧夠你圓滿做完一件事情。後來，這位青年也獲得了成功，他成了韓國泛亞汽車公司的總裁。人世中的許多事，只

要想做，都能做到，該克服的困難，也都能克服，用不著什麼鋼鐵般的意志，更用不著什麼技巧或謀略。只要一個人還在樸實而饒有興趣地生活著，他終究會發現，造物主對世事的安排，都是水到渠成的。

堅持和耐心熬成的「成就湯」

南北戰爭結束後，美國各地紛紛營建鐵路。一時間，鐵路業成了美國工業的熱門。當時，已成爲華爾街銀行家一員的摩根，同其他銀行家一樣，也把目光瞄準了鐵路投機事業。華爾街的大老們明爭暗鬥，爭奪鐵路控制權。鐵路爭奪戰的硝煙瀰漫著整個華爾街。摩根雖小有名氣，但仍勢單力薄，自知靠力量去硬拼硬搶絕不是別人的對手。在南北戰爭期間，摩根多次經營買賣業，積累了豐富的致富經驗。他自信，在鐵路投機業中，自己注定要戰勝所有對手。別人玩盡伎倆，你爭我奪，摩根則穩坐釣魚台，靜觀華爾街的鐵路混戰。摩根早已成竹在胸，一個勝戰的謀略時時回響在他的耳際：力量不足，靠時機彌補。他在等待時機。

一八七九年，新年開始的一天，秘書走進辦公室報告說，威廉·凡德華爾特求見。威廉的父親是首屈一指的鐵路巨子。威廉比摩根長十六歲，他繼承父業，接管了紐約的中央鐵路。「恭喜恭喜！眞不敢當啊！您遠道而來。」威廉走進房間時，摩根起身迎上前去，對這位長者表示了敬意，「彼此，彼此！」威廉用同樣眞誠的態度回答。威廉剛坐穩，便對摩根說道：「不知你注意到新聞媒介對紐約中央鐵路進行大肆攻擊沒有？」摩根沒有作聲。他當然知道，但他等威廉接著往下說。「州政府企圖把中央鐵路打垮，向人民課以不合理州稅。」威廉說。

「哦?!」摩根聽了這話後，有些愕然，把頭偏向一邊吐了一口煙圈。「眞讓人頭痛，實際上，我眞的沒什麼事業心！」威廉曾經離開家去斯汀島進行農業耕作。此時，他顯出一臉厭倦的表情。接著，威廉將自己打算出售紐約中央鐵路股份的想法告訴了摩根。摩根聽了，大吃一驚，幾乎失聲喊了起來。但他立刻鎭靜下來，告誡自己不可失態。「父親的遺產由我繼承了，因而有人譏諷我爲章魚、蟒蛇，股份如果脫手了，我就不會是批評、責難的惟一目標了吧！」威廉有此沮喪。「這話是對的，但處理方式也値得考慮啊！你打算出讓多少股份？」摩根問道。威廉答到：「三十五萬股。」摩根聽了又是大吃一驚，差點叫出聲來。他鎭

靜地問道：「每股以多少點出讓呢？」當摩根得知每股在一百二十～一百三十點之間時，便對威廉說道：「恕我冒昧，目前紐約中央鐵路的時價差不多是在一百一十五點上下。」他不敢把點估得太低，生怕威廉一怒之下會打消出讓股份的主意。

摩根知道，這是躋身鐵路業的最佳時機，切不可因自己的失誤而丟掉了機遇。爲了穩定威廉的情緒，他用習慣的口吻提醒威廉說：「出讓三十五萬股的事情，一定要嚴守秘密，否則一旦走漏消息，價格馬上會跌下來！」「這我明白，所以我才找您一起商量呀！」威廉感激地答道。摩根見威廉沒有改變主意的想法，便順勢提出幫助承售三十五萬股的建議。「那太好了。如此說來，你願意承購這些股票了？」威廉有些激動。「是的，但是……是有條件的。」摩根絕不會放過任何有利的時機。接著摩根提出了他的兩個條件：一是必須在五年內保證享有8%的股票紅利；二是無論股票賣給誰，都希望得到一份中央鐵路公司的幹部空白委任狀。爲了使出讓股票的事不引起什麼風波，威廉答應了摩根的要求。「那好吧！一言爲定！」摩根臉上露出勝利的微笑。紐約中央鐵路的股票由倫敦的J・

S．摩根商行銷售。實際上，銷售出去的總額是二千五百萬美元。股票以一百一十九點開價，但立刻就暴漲到一百三十二點，沒過多久，又升到一百三十五點。摩根在這次交易中賺取了三百萬美元。利潤在百分之百以上。更爲重要的是，摩根獲得了紐約中央鐵路的控股權，擠進了鐵路業，爲自己贏得了倫敦和美國金融界的信任和肯定，並爲實現鐵路大聯盟打開了路子。「力量不足，等機遇」，這正是老摩根成功的關鍵所在。機遇有時只能靠等，惟一的辦法是等，惟一的出路是耐心。在遇到這種情況的時候，煩躁不安是沒有用處的，如果不願改弦更張，最好利用這種時候加強修鍊，充實自我，積極創造機遇，在沒有創造出來之前，最好堅持一個字，這就是「等」。當然，這種等是積極的等，而不是消極的等。在等待中積累力量，一旦時機到來，便可一把抓住。

堅持創造的奇蹟

史密斯是聯邦快遞公司的創始人，他是創造隔天送貨服務的魅力型創新者，他在一九八六年告訴《公司》雜誌說，作爲企業家，必須有一個宏偉的、遠大的、

冒險的目標，必須學會創新，單是爲了生存，就必須如此。

在二十世紀七〇年代初期，史密斯把繼承來的全部遺產，全部投注在創辦聯邦快遞公司的夢想中。

然而，在史密斯創設這個公司時，最初目的是要提供另一種服務，替美國聯邦準備理事會，把現金從一個區域送到另一個區域。根據史密斯的估計，這樣每天應該可以替聯邦政府節省三百萬美元，聯邦快遞公司的名字就是起源於這個目的，而不是隔天送貨服務。

可是，史密斯和美國聯邦準備理事會磋商的合約最終沒有完成，但是這位企業新秀過於狂熱，已經從泛美航空公司預訂了兩架噴射飛機，他個人已經投資二十五萬美元，並且爲三百六十萬美元的貸款提供保證，用於買下一架客機，以便改裝爲遞送包裹的貨機。年輕的史密斯有了一架公司的飛機，卻沒有合約，他被迫改變了經營的目標。過了很久之後，史密斯自己說：「如果當初與美國聯邦準備理事會的合約實現，聯邦快遞很可能不會有今天的成就。」

美國郵政局或聯合包裹服務公司在史密斯創建聯邦快遞公司之前，兩家機構在這行業裏已經做了大約八十年，兩家機構不但沒有參與創造這種隔天送貨的服務，還預言史密斯必然會失敗。史密斯並沒有受這些反對意見影響，他追求自己的夢想，這個夢想本來是他念耶魯大學時寫的一篇期末報告，他的教授認為他的構想行不通，理由包括聯邦政府對航空公司的管制、所需要的資金極為龐大，以及一直存在的包裹運輸服務的各大航空公司的競爭。史密斯志向遠大，教授的分析沒有讓他打退堂鼓，他又自行設計了一個突破性的新觀念——轉運中心的送貨系統，以孟菲斯為中心，這種制度後來成為這一類貨運服務的工業標準。

聯邦快遞從一九七三年四月開始營運，最初幾年，公司充滿了痛苦和困難，破產的陰影在每一季都出現，揮之不去。在此期間，史密斯十足的領袖魅力發揮到了最高點，他曾經說服員工把手錶拿去典當，好繳還一筆短期的臨時貸款。前總裁阿特·巴斯有一段話足以說明史密斯在這段困苦時期的魅力體現：「這家公司早在創設之初的三、四年裏，就有五、六次面臨倒閉，但是史密斯拒絕放棄，他不屈不撓的精神和純粹的雄心和勇氣，創造了奇蹟。」

史密斯把他繼承的全部財產八百五十萬美元，都投到聯邦快遞公司去冒險，

他的朋友、競爭者和媒體都說他瘋了。

然而，史密斯只遵從自己的看法，歷經時間考驗，這個眞正有遠見的創新者讓歷史肯定了他那宏偉的、大膽的、冒險的目標，並讓其實現。一九八三年，聯邦快遞公司成爲美國企業史上營收最快達到十億美元大關的公司，現在聯邦快遞是世界最大的快遞運輸公司，到二十世紀九〇年代中期，營收突破一百億美元。創業投資專家西爾弗（David Silver）說：「聯邦快遞公司是一個奇蹟。」

第八章 你沒有遲到

一、你的腳邊有鑽石

羅丹曾經說過：生活中不是缺少美，而是缺少發現。羅丹是一位偉大的藝術家，當很多人苦苦尋覓美的時候，羅丹告訴人們，美就在你身邊。

其實，人們追求美和追求財富的慾望是相同的，很多人苦苦追求最終還是兩手空空，就是因爲他們不善於發現身邊的財富。也就是說，生活中不缺少財富，而是缺少發現。**如果你善於發現機會，加上自己的創意，很快就會得到財富。**

印度流傳著一位生活殷實的農夫阿利・哈費特的故事。

一天，一位老僧拜訪阿利・哈費特，這麼說道：

「倘若您能得到拇指大的鑽石，就能買下附近全部的土地，倘若能得到鑽石礦，因爲其富有的威力，甚至還能夠讓自己的兒子坐上王位。」

鑽石的價值深深地印在了阿利・哈費特的心裏。從此，他對其他事物都不再感到興趣。

那天晚上，他徹夜未眠。第二天一早，便叫起那位僧侶，請他指教在哪裡能夠找到鑽石。僧侶想打消他那些念頭，但無奈阿利・哈費特聽不進去，執迷不悟，仍死皮賴臉地纏著他，最後老僧只好告訴他：「您去很高的山裏尋找淌著白沙的河。倘若能夠找到，那白沙裏一定埋著鑽石。」

於是，阿利・哈費特變賣了自己所有的地產，把家人寄放在街坊家裏，自己出門去尋找鑽石，但他走啊走，始終沒有找到要找的寶藏。他終於失望了，在西班牙盡頭的大海邊投海死了。

可是，這故事並沒有結束，可以說只是剛剛開始。

一天，買下阿利・哈費特的房子的人，把駱駝牽進後院，想讓駱駝喝水（後院裏有條小河）駱駝把鼻子湊到河裏時，他發現河沙中有塊發著奇光的東西。他立即挖出那塊閃閃發光的石頭，把那塊珍奇的石頭帶回家，放在爐架上。

不多久，那位老僧又來拜訪這戶人家。老僧走進門就發現爐架上那塊閃著光的石頭，不由奔跑上前。

「這是鑽石！」他驚奇地嚷道，「阿利・哈費特回來了！」

「不！阿利・哈費特還沒有回來。這塊石頭是在後院小河裏發現的呀！」向阿利・哈費特買房子的人這樣答道。

「不！你在騙我？」僧侶不相信，「我一走進這房裏，就知道這是鑽石啊！別看我迷迷糊糊，但我還是認得出這是顆眞正的鑽石！」

於是，兩人跑出屋內直奔那條小河邊挖掘起來，不久便挖出了比第一塊更爲光澤的石頭，而且陸續又從這塊土地上挖掘出許多鑽石。獻給維多利亞女王的有名的鑽石也是出自那裏，淨重達一百克拉。

如果阿利・哈費特不離開家，努力挖掘自家的後院或麥田，這些埋有鑽石的土地自然就是他所擁有的。事實不正是如此嗎？在生活中我們常常會捨近求遠，到別處去尋找自己身邊有的東西。而往往，機遇就在你的腳邊，正確地講，是在你的心裏。那是由掌握蘊藏著巨大潛力的內心——您的思考方式帶來的。

日本的清酒與中國江南的黃酒比較類似，都是深受歡迎的普及型大衆米酒，以香味濃郁、酒味純正、價格低廉、酒精濃度宜人受到千百萬「酒民」的歡迎。

但日本的米酒在明治之前是比較混濁的，這是美中不足之處。很多人想了各

種辦法，卻找不到使酒變清的法子。那時候，在大孤有一個名叫鴻池善右衛門的小商人，以製作和經營米酒爲生。一天，他與僕人發生了口角。僕人懷恨在心，伺機報復。他在晚間將爐灰倒入做成的米酒桶內，想讓這批米酒變成廢品，叫主人吃虧。做完了這個小勾當，這個卑劣的僕人不辭而別，逃之夭夭。

第二天早晨，善右衛門到酒廠查看，發現了一個從未有過的現象，原來混濁的米酒變得清亮了。再細看一下，桶底有一層爐灰。他沒有管這爐灰是哪來的、誰放的。而是敏銳地覺得這爐灰具有過濾濁酒的作用。他立即進行試驗、研究。經過無數次的改進之後，終於找到了使米酒變成清酒的辦法，製成了後來暢銷日本的清酒。

似乎善右衛門在「一念之間」，就釀成了清酒，解決了日本米酒的「老大難」問題。他的成功似乎是靈感乍現的結果，是神靈的格外恩賜。這種「一念之間」的靈感，其實就是一種思維方式，善右衛門看見本來混濁的酒變得清亮了，立刻就發現了這個巨大的商機，這是因爲他善於發現身邊的財富。也許，很多人都有善右衛門這樣的經歷，只是他們沒有點石成金，這是一種遺憾。有句話叫做

「處處留心皆學問」，就是說在你的身邊存在很多學問，只要你善於留心，就會學到知識；其實，這句話也可以說成「處處留心皆財富」，只要你善於發現，善於點石成金，你會有很多的發財致富的機會。

很多人都埋怨命運不公，覺得自己的機會很少，其實是因爲他們不善於發現機會並且沒有抓住機會。

懦弱、動搖者常常用沒有機會來原諒自己。其實，生活中到處充滿著機會！學校的每一門課程，報紙的每一篇文章，每一個客人，每一次演說，每一次貿易，全都是機會。這些機會帶來教養，帶來勇敢，培養品德，製造朋友。對你的能力和榮譽的每一次考驗都是寶貴的機會。如果像道格拉斯這樣的奴隸都能使自己成爲演說家、著作家和政治家，那麼，我們應該怎麼辦呢？道格拉斯連身體都不屬於自己！

沒有誰在他的一生中，運氣一次也不降臨。但是，當運氣發現他並不準備接待它的時候，它就會從門口進而從窗口出。年輕的醫生經過長期的學習和研究，他碰到了第一次複雜的手術。主治大夫不在，時間又非常緊迫，病人處在生死關

頭。他能否經得起考驗，他能否代替主治大夫的位置和他的工作，機會和他面面相覷。他是否能夠否定自己的無能和怯懦，走上幸運和榮譽的道路？這就要他自己做出回答。

對重大的時機你做過準備嗎？除非你做好準備，否則，機會只會使你顯得可笑。

「從這條路走過去可能嗎？」拿破崙問那些被派去探測伯納稱之爲死亡之路的工程技術人員。

「也許吧！」回答是不敢肯定的，「它在可能的邊緣上。」「那麼，前進！」小個子不理會工程人員講的困難，下了決心。

出發前，所有的士兵和裝備都經過嚴格細心的檢查。破的鞋、穿洞的衣服、壞了的武器，都馬上修補或更換。一切就緒，然後部隊才前進。統帥的精神鼓舞著戰士們。戰士皮帶的閃光，出現在阿爾卑斯山高高的陡壁上，出現在高山的雲霧中。每當軍隊遇到特殊困難的時候，雄壯的衝鋒號就會響徹群山之巔。儘管在這危險的攀登中到處充滿了障礙，致使隊伍延長到三十公里，但是他們一點都不亂，也沒有一個脫隊！四天之後，這支部隊就突然出現在義大利平原上了。

當這「不可能」的事情完成以後，其他人才看到，這件事其實是早就可以做到的。

許多統帥都具有必要的設備、工具和強壯的士兵，但是他們缺少毅力和決心。而拿破崙不怕困難，在前進中精明地抓住了自己的時機。你錯過了什麼？

有一個人有天晚上碰到一個神仙，這個神仙告訴他，有大事要發生在他身上，他有機會得到很大的財富，在社會上獲得卓越的地位，並且娶到一個漂亮的妻子。

這個人終其一生都在等待這個奇蹟的承諾，可是什麼事也沒發生。

這個人窮困地度過了他的一生，最後孤獨的老死了。

當他上了西天，看到了那位神仙，他對神仙說：「祢說過要給我財富、很高的社會地位和漂亮的妻子，我等了一輩子，卻什麼也沒有。」

神仙回答他：「我沒說過那種話，我只承諾過要給你機會得到財富，一個受人尊重的社會地位和一個漂亮的妻子，可是你卻讓這些機會從你身邊溜走了。」

這個人迷惑了，他說：「我不明白祢的意思？」

神仙回答道：「你記得你曾經有一次想到一個好點子，可是你沒有行動，因爲你怕失敗而不敢去嘗試？」這個人點點頭。

神仙繼續說：「因爲你沒有去行動，這個點子幾年後給了另外一個人，那個人一點也不害怕地去做了，你可能記得那個人，他就是後來變成全國最有錢的那個人。還有，你應該還記得，一次城裏發生了大地震，城裏大半的房子都毀了，好幾千人被困在倒塌的房子裏，你有機會去幫忙拯救那些存活的人，可是你卻怕小偷會趁你不在家的時候，到你家裏打劫、偷東西？」

這個人不好意思地點點頭。

神仙說：「那是你的好機會可以拯救幾百個人，而那個機構可以使你在城裏得到多大的尊榮和榮耀啊！」

神仙繼續說：「你記不記得有一個頭髮烏黑的漂亮女子，那個你曾經非常強烈地被吸引的，你從來不曾這麼喜歡過一個女人，之後也沒有再碰到過像她這麼好的女人，可是你想她不可能會喜歡你，更不可能會答應跟你結婚，你因爲害怕被拒絕，就讓她從你身旁溜走了？」

這個人又點點頭，可是這次他流下了眼淚。

神仙說：「我的朋友啊！就是她！她本來應是你的妻子，你們會有好幾個漂亮的小孩，而且跟她在一起，你的人生將會有許許多多的快樂。」

我們每天身邊都會圍繞著很多的機會，包括愛的機會。可是我們經常像故事裏的那個人一樣，總是因爲害怕而停止了腳步，結果機會就溜走了。

我們因爲害怕被拒絕而不敢跟人們接觸；我們因爲害怕被嘲笑而不敢跟人們溝通情感；我們因爲害怕失落的痛苦而不敢對別人付出承諾。

不過，我們比故事裏的那個人多了一個優勢，那就是：「我們還活著，我們可以從現在起抓住和創造我們自己的機會。」

你錯過了什麼？是不是面對很好的機會的時候，你沒有即使發現，所以你失去了發財致富的機會？機會就是這樣悄悄錯過的，在你不經意之間，從你的身邊悄悄溜走了。基本上，發現財富的人常常是一個處處留心的人。

永遠都不晚!!

日語學習班開學報名時，來了一位老者。

「給孩子報名？」登記小姐問。

「不，自己。」老人回答。小姐愕然。屋裏那些年輕人也愕然。

老人解釋：「兒子在日本找了個媳婦，他們每次回來，說話嘰哩咕嚕，我挺著急。我想聽懂他們的話。」

「您今年高壽？」小姐問。

「六十八歲。」

「您想聽懂他們的話，最少要學兩年。可是您那時已經七十歲了！」

老人笑吟吟地反問：「姑娘，妳以爲我如果不學，兩年後我會是六十六歲嗎？」言畢，衆皆無語。姑娘更是眨著大眼睛，似乎在思索著什麼……

是的，事情往往就是如此：我們總以爲開始得太晚，因此放棄，殊不知只要開始，就永不嫌晚。明年，我們增加一歲——不論我們走著還是躺著，當我們同時增加一歲，可是有人有收穫，有人卻依然空白。差別是你是否決定開始去做。

在我們的生活中有很多事情都是這樣的，我們總是以爲錯過了一次機會或者沒有趕上第一趟車就告訴自己已經晚了，所以就放棄了去學習和拼搏的機會，從而也就一事無成。其實覺得事情晚了這種思維是一種錯覺而已，只是按照大衆的看法而形成的一種自我束縛的心理。比如一個落榜的重考生，如果再認眞複習一年後去應試，一定可以考中理想的大學，雖然你覺得第一次落榜了，可能「晚了」，但是實際上根本不晚。或許，你今年已經是四十歲了，你想要開始學習電腦技術，你如果覺得太晚了而放棄學習，那你一輩子都不會，如果你下決心學習，你完全可以掌握基本的知識和操作。所以，成功與不成功之間只隔著一層很薄的紙，常常在於一念之間。

朋友，如果你決定要去做一件事情，千萬不要用「爲時已經晚」來爲自己的怯懦找藉口，如果你眞的已經決定開始去做這件事情，永遠都不晚。可能，在你面前走過的富翁很多，可能你覺得很多的機會都被別人掘走了，但是只要你付諸行動，永遠都不晚。

五十二歲負債起家的億萬富翁

五十二歲，高中沒畢業，負債三百萬，還能闖出一片天嗎？還能在風雲難測的市場競爭中擊敗強勁對手，飛黃騰達，創造發財致富的奇蹟嗎？能！

舉世聞名的麥當勞漢堡，就是這個人創辦起來的。他叫克洛克，高中沒有念完就放棄了學業，回到佛羅里達老家，賣掉僅有的產業，全心爲百合鬱金香銷售紙杯。一九七五年，他發現一間漢堡店，由麥克唐納兄弟倆共同經營。克洛克經過多日觀察，發現這種漢堡十分暢銷，就認定這一行業大有可爲。

他馬上湊足五十萬元，買下店面、製法、專利及招牌——黃金拱門。爲改裝店面，他舉債三百萬。此時，他已是五十二歲高齡，正是多數人準備退休的年齡，而且對於漢堡店，他又是十足的門外漢，就是說，他完完全全是白手起家，從頭做起。

爲獲成功，克洛克首先出馬聯絡專賣店，以致富的保證加上美好前景的展望，鼓舞大家的鬥志。簽訂合同後，他設計出一整套管理方法，牢牢把握住專賣店的方向、特色，並訓練他們樹起勃勃雄心與百折不撓的意志。在他的激勵和管理下，各專賣店全都凝成了一股力量爲他效力。其製作品質之精良，其服務態度之至誠，令世人讚歎：爲確保與廣告宣傳一樣的新鮮美味，一個漢堡從製作到出爐必須五十秒，不多也不少；淨重一・八盎司，餅面直徑三・二五英寸，洋蔥的重量四分之一盎司，若出爐時間超過七分鐘還未賣出，則全部丟棄；被工人手指壓出輕微凹痕的也一定要扔掉。結果，他們都發了大財，克洛克也成了大亨：銷售金額累積三百億，麥當勞漢堡已成爲美國文化不可分割的一部分。

克洛克的成功告訴我們，無論你處於何種境界，只要你有眼光，有勇氣，起步永遠不晚！

二、不要做清醒的遲到者

如果現在我來問你：「你相信自己很快能夠成爲百萬富翁嗎？」你會回答什麼呢？

也許你會說：「我很願意，但是恐怕我的能力不夠！」這是很多人的答案。

在生活中，我們常常會看到這樣的現象：在你周圍的人成功的時候，你覺得他或者她的成功帶有一定的運氣，你覺得你非常瞭解對方，按照能力來講，對方不可能獲得這樣的成功。

這其實從側面說明一個道理，就是成功並不是一定就是與你的能力成正比的。在這個社會上，很多人空有抱負難以施展，有很多人懷才不遇，但是同樣有很多人能力平平卻獲得了成功。主要的原因在於能否抓住機遇，**人和人之間的能力差距其實很小，機遇就像一個放大鏡一樣把人與人之間的差距放大加寬了**。

中國古代有句話說「先下手爲強」，在追求財富上更是如此，走在最前端的人常常成爲最容易獲得成功的探索者。美國的福特、洛克菲勒、比爾・蓋茲……這樣世界級的富豪都是最早動手的典範，在機遇面前，他們沒有猶豫、沒有遲疑，從而獲得了巨大的成功。所以，如果你想成爲百萬富翁，就要做最早的起航者。

下面的表格能夠說明能力、啓動時間、財富的關係：

你的能力	啓動時間	你的財富
很強	早	多
較強	早	較多
一般	早	一般
很差	早	少
很強	晚	較多
較強	晚	一般
一般	晚	較少
很差	晚	少

從上面的表格中可以看出，能力很強的人如果啓動時間比較晚的話，他們的

財富積累不如能力比較強的，一個人在社會中是非常渺小的，在機會面前只能看準時機去把握，而不可能去改變機會的降臨時間。

很多人也都明白道理，但是他們都是清醒的遲到者，往往處於被動的地位，難以開創一番事業，如果你是清醒的，請你不要做清醒的遲到者！儘快行動起來，成動距離你越來越近！

向著財富飛翔!!

向著財富飛翔，你的人生理想就在前方。在這個征途中，有很多人常常難以張開自己的翅膀，實際上，在這個過程中，你需要時刻來調整自己，你必須記住：

改變自己，首先改變心態。

為什麼有些人就是比其他的人更成功，賺更多的錢，擁有不錯的工作，良好的人際關係，健康的身體，整天快快樂樂地過著高品質的人生，似乎他們的生活就是比別人過的好。而許多人忙忙碌碌地勞作卻只能維持生計。其實，人與人之間並沒有多大的區別。但爲什麼有許多人能夠獲得成功，能夠克服萬難去建功立業，有些人卻不行？

不少心理學專家發現，這個秘密就是人的「心態」。一位哲人說：「你的心態就是你眞正的主人。」一位偉人說：「要嘛你去駕馭生命，要嘛是生命駕馭你。你的心態決定誰是坐騎，誰是騎師。」

大概是四十年前，中國福建某貧窮的鄉村裏，住了兄弟兩人。他們承受不了窮困的環境，便決定離開家鄉，到海外去謀發展。大哥好像幸運些，被奴隸般賣到了富庶的舊金山，弟弟被賣到比中國更窮困的菲律賓。

四十年後，兄弟倆又幸運地聚在一起。今日的他們，已今非昔比。做哥哥的，當了舊金山的僑領，擁有兩間餐館、兩間洗衣店和一間雜貨鋪，而且子孫滿堂，有些承繼衣缽，又有些成爲傑出的工程師或電腦工程師等科技專業人才。弟弟呢？居然成了一位享譽世界的銀行家，擁有東南亞相當分量的山林、橡膠園和銀行。經過幾十年的努力，他們都成功了。但爲什麼兄弟兩人在事業上的成就，卻有如此的差別呢？

兄弟聚頭，不免談談分別以來的遭遇。哥哥說，我們中國人到白人的社會，既然沒有什麼特別的才幹，唯有用一雙手煮飯給白人吃，爲他們洗衣服。總之，白人不肯做的工作，我們華人照單全收，生活是沒有問題的，但事業卻不敢奢望了。例如我的子孫，書雖然讀得不少，也不敢妄想，唯有安安分分地去擔當一些中層的技術性工作來謀生。至於要進入上層的白人社會，相信很難辦到。

看見弟弟這般成功，做哥哥的，不免羨慕弟弟的幸福。弟弟卻說，幸運是沒有的。初來菲律賓的時候，擔任些低賤的工作，但發現當地的人有些是比較愚蠢和懶惰的，於是便頂下他們放棄的事業，慢慢地不斷收購和擴張，生意便逐漸做大了。

以上是眞實的故事，反映了海外華人的奮鬥歷史。它告訴我們：影響我們人生的絕不僅僅是環境，心態控制了個人的行動和思想。同時，心態也決定了自己的視野、事業和成就。

有兩位年屆七十歲的老太太，一位認爲到了這個年紀可算是人生的盡頭，於是便開始料理後事；另一位卻認爲一個人能做什麼事不在於年齡的大小，而在於你想法如何。於是，她在七十歲高齡之際開始學習登山，其中幾座還是世界上有名的。就在最近還以九十五歲高齡登上了日本的富士山，打破攀登此山年齡最高的紀錄。她就是著名的胡達・克魯斯老太太。

七十歲開始學習登山，這乃是一大奇蹟。但奇蹟是人創造出來的。成功人士的首要標誌，是他思考問題的方法。**一個人如果是個積極思維者，實行積極思維、喜歡接受挑戰和應付麻煩事，那他就成功了一半。**胡達・克魯斯老太太的壯舉正驗證了這一點。

一個人能否成功，就看他的態度了！**成功人士與失敗者之間的差別是：成功人士始終用最積極的思考、最樂觀的精神和最輝煌的經驗支配和控制自己的人生。失敗者則剛好相反，他們的人生是受過去的種種失敗與疑慮所引導支配的。**

有一位秀才進京趕考已經是第三次了，他仍然住在自己以前住過的旅店裏。就在考試的前三天他作了三個夢：第一個夢是夢到自己在牆上種了一顆白菜；第二個夢是下雨的時候自己戴了個斗笠同時還打著一把傘；第三個夢是夢到自己跟心愛的表妹脫光了衣服躺在一起，但是卻是背靠著背躺著。這位秀才第二天就趕

緊去找了一位算命先生來解夢。

算命的人聽了秀才講的三個夢的內容以後，連拍大腿對秀才說：「我看你還是回家去吧！這次你的考試凶多吉少啊！你想想吧！在高牆上種菜這不就是白費勁嗎？既戴斗笠又打雨傘這不是多此一舉嗎？跟你心愛的表妹都脫光了躺在一張床上了，卻是背靠背躺著，不就是沒戲唱了嗎？」

秀才聽完算命的先生的一番解釋後，心灰意冷，就回旅店收拾包袱準備回家去。旅店老闆看到後覺得非常奇怪，就問：「不是明天就要考試了嗎？今天你怎麼就準備回家去了？」

秀才就一五一十地把自己的幾個夢說給老闆聽，店老闆聽後就樂了：「喲！我也經常給別人解夢的。我倒是覺得，你這次一定要留下來。你想想啊！在牆上種菜不就是高種嗎？戴著斗笠還打雨傘不正是說明你這次來考試是有備無患嗎？跟你表妹脫光了背靠靠躺在床上，不正是說明你翻身的時候就要到了嗎？」

秀才一聽，覺得老闆說得更有道理，於是精神振奮地參加考試，居然考中了探花。

由此可見，一個人的心態是多麼重要，這位秀才就是因爲心態不同得到的結果卻是大相逕庭。無論是誰，你的心態確定你如何走盡征途。你如何思考，這將強有力地影響你接近成功之旅。如果你的期望是很糟糕的，你肯定無法成功。如果你的期望是好的，哪怕你處於最壞的環境當中，也能夠設法得到成功，因爲積極的態度具有巨大的力量，你也可以從中獲得最佳效果，並且保持進步。

積極的人，像太陽，照到哪裡哪裡亮，消極的人，像月亮，初一十五不一樣。想法決定我們的生活，有什麼樣的想法，就有什麼樣的未來。

你的態度越好，你的前程越遠大。《財富五百大》研究發現：94％被追蹤調查地執行負責人都將他們的成功歸功於態度而不是別的因素。這表明，如果你想要在成功路上走得很遠，一定要有積極的人生態度和事業態度。

尋找財富，必須尋找目標

凡是成功者，在他們一開始的時候，都有一個非常明確的目標。每一天，我們都遇到對自己的人生和周圍的世界不滿意的人。你可知道，在這些對自己處境

不滿意的人中，有98%對心目中喜歡的世界沒有一幅清晰的圖畫，他們沒有改善生活的目標，沒有一個人生目標去鞭策自己。結果是，他們繼續生活在一個他們無意改變的世界上。制定人生目標未必能使你活到一百歲，但必定能增加你成功的機會。人生倘若沒有目的，你也許會一事無成。正如貿易巨子J・C・賓尼所說：「一個心中有目標的普通職員，會成為創造歷史的人；一個心中沒有目標的人，只能是個平凡的職員。」

針對下面的問題找到自己的答案：

我想完成哪些事？

我想要成為怎樣的人？

哪些東西才能使我滿足？

請你使用下面的十年長期計劃，可以幫你回答以上問題。十年後的個人形象，十年長期計劃：

㈠、十年以後的工作方面：

1. 我想要達到哪一種收入水準？

2.我想要尋求哪種程度的責任？
3.我想要擁有多大的權力？
4.我希望從工作中獲得多大的威望？

(二)、十年以後的家庭方面：

1.我希望我的家庭達到哪一種生活水準？
2.我想要住進哪一類房子？
3.我喜歡哪一種旅遊活動？
4.我希望如何撫養我的小孩？

(三)、十年以後的社交方面：

1.我想擁有哪種朋友？
2.我想參加哪種社團？
3.我希望取得哪些社區的領導職位？
4.我希望參加哪些社會活動？

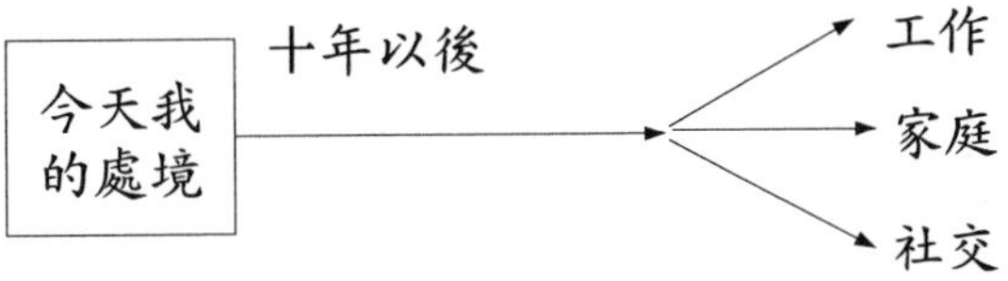

下面請看一些成功人士的人生目標設計，以及人生目標對他們的影響：

本田宗一郎的目標：有一天我要自己製造一部汽車

本田汽車公司的創始人本田宗一郎，於一九〇六年十一月十七日出生在日本偏遠的濱松縣。他小時候，家中十分貧困，父親是一名鐵匠兼自行車修工，幼年貧寒的生活環境養成了他堅忍不拔的性格。

應該客觀地說，在學校裏本田宗一郎是一名不合格的學生，經常蹺課，不遵守學校紀律。他喜歡從親自動手的嘗試中總結經驗而做得更好，而討厭教學中的刻板學習程式。由於父親是一名修理自行車的工人，在耳濡目染中他對機車事業產生了濃厚的興趣，他喜歡機器和機械裝置。當他第一次看到汽車時，他的宏偉目標也相伴而生：我要自己製造一部汽車。這時他還是一個孩子。

在他二十二歲那年，他在家鄉開設了一家工廠。他推動自己的公司，進入已經快要飽和的機車工業，使本田機車成爲暢銷的熱門產品，並打敗了美國的哈雷機車和義大利的機車公司，年銷售額達三十億美元。

在機車工業裏站穩腳跟後，一九七〇年，精力充沛、有著宏偉的、大膽的、冒險的目標的本田宗一郎正式宣佈進入競爭激烈的汽車市場，實現自我的遠大目標，並最終實現了目標：創建本田汽車公司，成爲億萬富翁。

本田宗一郎經常說：成功就是經過99%的失敗之後的1%。如果你害怕失敗的話，最好的辦法就是什麼也別做，但是只有經歷失敗的人生才能稱得上是充實的人生。超凡企業家有設定不可能達成的目標和失敗的自由，無論面對什麼樣的挑戰，每一次失敗都是向成功邁近了一步，目標的實現需要不斷的失敗和自省去完成。

盛田昭夫的目標：製造一種世界暢銷的「袖珍」收音機

二十世紀五〇年代末，盛田昭夫將日本東京通信工業公司正式改名爲SONY，只有一個原因：原來的名字太拗口，不容易被外國人記住，而他們已把公司的目標對準了海外市場，這是他們邁出的第一步。

當時日本的產品在世界上以品質差而聞名，而盛田昭夫和他的夥伴井深大立志要改變這種看法，他們要憑自己的努力取得成功，以此來贏得世界的最高讚譽。此時的新力公司僱員不到千人，這是個絕對宏偉的、大膽的、帶有冒險意味的目標。

一九五二年，他們爲自己爲數不多的工程師訂立了一個表面看來同樣不可能實現的目標：製造一種「袖珍」收音機——一種可以裝在襯衫口袋裏，世界暢銷的收音機。二十一世紀的人對袖珍產品已是司空見慣，但是在二十世紀五〇年代，生產收音機離不開電子管。當時世界上還沒有一家公司把電晶體技術成功地應用於生產收音機，因爲製造這種微型收音機需要長期艱難的試驗、失敗和重大創新。

井深大宣佈：「讓我們研製一種晶體管收音機，不管我們面對多大的困難。我確信我們能夠生產出收音機用的電晶體。」

當井深大把這種大膽的設想宣佈出來時，一位顧問說：「晶體管收音機？你沒開玩笑吧？即使是在美國，電晶體也只是用在資金不存在問題的防務領域。即使你生產出晶體管收音機，造價一定非常昂貴，誰又能買得起呢？」

井深太沒有理會這位顧問，而最終新力公司研製出了袖珍收音機，實現了自己創造一種世界流行的產品的夢想。而新力公司一位著迷於這種袖珍收音機的科學家，也因爲在發展電晶體方面的傑出貢獻，獲得諾貝爾獎。

尋找財富，需要堅持不懈

全世界三級跳遠冠軍米蘭提夫，在八歲之前患了小兒麻痺，經由自己學走、學跑研究出怎樣的姿勢合乎自然法則，結果他跳出了世界上最遠的紀錄。

當記者問他：「到底是什麼原因，使你成爲奧運金牌得主和世界紀錄保持者呢？」

米蘭提夫回答道：「當我參加比賽時，一般人都在看我跳遠當時的表現，其實，任何運動的比賽的成功，不單決定於他表現的那個時刻，重要的是，決定於他表現之前所做的準備。」

因此，米蘭提夫只要看運動選手所做的暖身體操，就可以知道那位選手肌肉的鬆弛程度和得勝的機率。

而能不能表現良好不在於這個人能不能，而在於那個時刻，這個人的心態是否達到巔峰，以及該位選手是否做好完善的心理準備及擁有必勝的信念。能力強的人我們看多了，但能力強卻眼高手低的人也比比皆是。只有靠信念、毅力堅持到底的人，才會開出璀璨的勝利之花。

美國電影巨星席維斯史特龍出道前十分落魄，身上只剩一百美元，連房子都租不起，睡在金龜車裏。當時，他立志當演員，並自信滿滿地到紐約的電影公司應徵，但都因外貌平平及咬字不清而遭到拒絕，當紐約所有五百家電影公司都拒絕他之後，他寫了「洛基」的劇本，並拿著劇本四處推銷，也繼續被嘲笑奚落，一共被拒絕了一千八百五十五次，終於遇到一個肯拍那個劇本的電影公司老闆時，又遭到對方不准他在電影中演出的要求，但最後，堅持到底的史特龍終於成為聞名國際的超級巨星。

你能面對一千八百五十五次的拒絕仍不放棄嗎？史特龍能，他做別人做不到的事，所以他能成功。的確，有很多事情看起來都很困難或不可能，但是只要下定決心的時候，它們都逐漸變得非常簡單。

以前我做壽險推銷初期，經常面對眾多的拒絕而一度思考放棄這個行業，我的師父告訴我：「你永遠要記得你所想要的，而不是你所恐懼的。」信念，讓我學會了化恐懼為行動，在面對困難時，在面對挑戰時堅信：假如我不能，我一定

要，假如我一定要，我就一定能。

如果你已經爲人父母，當你的孩子正在學習走路時，你會給他幾次機會？你會在跌倒十幾次之後，讓他改坐輪椅嗎？還是只給他二十幾次學走路的機會，若學不會走路就要放棄？或者當你身邊有許多人勸你放棄，你就決定讓你的孩子坐輪椅呢？我相信你的答案是不會。的確，當我請教每一位父母，會給你的孩子幾次機會呢？他們都說：我會給我的小孩無數次的機會，直到他站起來，學會走路爲止！是的，一直堅持到底的人，最終都會站起來。

全美四大推銷大師之一的湯姆·霍金斯從小就背負父親希望他當律師的期許，當他浪費了父親畢生的積蓄，從律師學校休學回家時，他的父親失望的流下淚來，並說：「湯姆，我看你這輩子都不會成功了。」

湯姆只得在第二天離家出走，接著選擇了推銷房地產的行業。前幾個月，湯姆一點業績都沒有，身上只剩一百元，又花了這僅有的一百元參加一門加強推銷技巧的研討會，之後，他連續八年得到全美房地產的銷售冠軍，開勞斯萊斯轎車，環遊世界，並教導無數業務員推銷的方法。

當有人問他成功的原因爲何？湯姆說：「支持我遇到挫折也勇往直前的是一個信念：堅持到底，馬上行動，絕不放棄，成功者絕不放棄，放棄者絕不成功。」

我要堅持到底，我不是爲了失敗才來到這個世界的，更不相信「命中注定失敗」這種喪氣話，什麼路都可以選擇，但就是不能選擇「放棄」這條路。

我是一頭獅子，而不是一頭羔羊；我要堅持到底，我絕不考慮失敗，並且把「放棄」、「不可能」、「辦不到」、「行不通」、「沒希望」等字眼從我的思想中除去。

我要堅持到底，我知道每一次推銷失敗，都將會增加我下次成功的機率。每一次客戶的「不買」，都能使我離「成交」更進一步，每一次對方皺眉的表情，都是他下次微笑的徵兆，每一次的不順利，都將會爲明天的幸運帶來希望。

我要堅持到底，今天我不可以因昨天的成功而滿足，因爲這是失敗的前兆，我要用信心迎向今日的太陽，只要我有一口氣在，我就要堅持到底。因爲我瞭解成功的秘訣就是「只要我堅持到底，馬上行動，絕不放棄，我一定會成功。」

尋找財富，你要立即行動

在一次促銷會上，美國某公司的經理請與會者站起來，看看自己的座椅下有什麼東西。結果每個人都在自己的座椅下發現了錢，最少的撿到一枚硬幣，最多的有人拿到一百美元。這位經理說：「這些錢全歸你們，但你們知道，這是爲什麼嗎？」沒有人能夠猜出這是爲什麼。最後經理一字一字地道出了個中緣由。

他說，我不過想告訴你們一個最容易被大家忽視甚至忘掉的道理：坐著不動是永遠也賺不到錢的。這是一個多麼簡單而又深刻的道理啊！好的機緣絕不會親自去登門拜訪「坐著不動」的人。他們只能注定永遠與成功擦身而過，永遠徘徊於低谷之間。

早在二十年前，美國通用汽車公司就打算在中國投資建廠。在與中方代表會面時，美方代表問：如果在中國建廠，第一批年產規模有多大？中方代表據實報出了年產三萬輛轎車的規模。美方代表嚇了一大跳，以爲是翻譯漏掉了一個「○」，因爲這個數位對於年產量八百萬輛轎車的美國通用來說，實在不敢「恭維」。自此，在中國建廠一事只好作罷。

三年後，德國大衆董事長漢思博士來到中國，無意中聽到了美國通用在中國「無功而返」的事情，他立即與中方簽訂了建廠協定。不久，德國大衆在中國成立了第一家合資企業——上海大衆。當時正值中國改革開放起步，大衆汽車很快佔領了非常大的市場佔有率，成爲中國當時中高檔轎車的「龍頭老大」。

後來，美國通用再次登陸中國，看到滿街跑著德國大衆的轎車，不禁失聲悲歎：「我們把一隻大肥羊拱手讓給歐洲人了！」

其實，無論是商界，還是生活中，許多人都犯過諸如美國通用這樣的錯誤——放棄了看似渺小，但卻蘊含巨大「財富」的機會。相信，大凡成功之士，除了有高深的智慧和才華外，還善於捕捉機會。而這種機會，恰恰是被別人遺棄了的。

立即行動可以成爲你最大的資本

在二十一世紀，時間就是金錢。你確定事物優先次序，並迅速行動，又快又

好地完成工作的能力是時間管理技巧中最有價值的一種。

培養一種「緊迫感」。只有2％的人具有緊迫感，而他們最終遠遠地領先於其他人。今天的人們沒有耐性，甚至立等可取的服務都已經顯得不夠快捷了。在人們的頭腦中，速度和行動是與價值相連的。當你以工作迅速而著稱的時候，責任、機會和回報會像鐵釘撲向磁石一樣向你湧來。

當你想讓人完成某件事情的時候，把它交給一個忙碌的人。這些人的工作節奏比普通人快，他們可以在相同的時間裏完成更多的工作。而你的工作就是在你的組織中建立起工作迅速的聲譽。提早一些開工，工作時更努力一些，並遲一些收工。

以「即時」的方式進行工作——迅速地處理緊急的小事情，完成之後立即轉向別的事情，跟上工作的節奏、行動快一些、立即解決問題。不要浪費時間。有時候，比別人更迅速地接受並完成工作的能力就足以使你取得成功。

西奧多·羅斯福曾說：「在你現在所處的環境中，利用你所有的一切條件，做你想做的事情。」最重要的在於立刻採取行動做對你有益的事情，不要延遲。

如果你可以透過某項行動來改進你的生活、工作或個人效率，那麼就馬上開始行動。

從今天開始確定你在生活中眞正想實現的目標，列出你來年的目標清單，而且不要過分謹愼和保守。

確立一些能讓你興奮、給你啓發的大目標，並制定出相應的詳細的書面計劃，編制進度表，確定最後期限。使你的活動和成就可以量化，然後開始行動！

積極行動是一個成功人士必備的最明顯的素質。有許多人寄託於「總有一天我會成功」這樣的幻想。他們總是在計劃、準備和幻想，「有一天」自己會做些什麼。奉勸你不要成爲他們中的一員。

在商務上，最重要的素質就是「緊迫感」，即湯姆・皮特斯所說的「對行動的偏好」。當機會或危險出現時，只有2%的人可以根據自身習慣立刻採取行動，而這些人在他們各自的領域內或組織內都佔據了優勢的地位。

托馬斯・愛迪生寫道：「一味等待的人可以得到好機會，但那些都是積極行動者捨棄不要的機會。」

當你進行思考，做出決定並依照某一想法採取行動的時候，你就已經遠遠勝出了那些滿腹學問但只會紙上談兵的人。

行動越迅速，你涉及的範圍就越廣，結識的人就越多，從而發現的機遇也就越多，更多的大門就會向你敞開。

行動越迅速，你就會越發精力充沛，興致勃勃並充滿自信。

行動越迅速，你在各個領域內的創造力和能力就會越強，完成的工作也就越多，從而越有能力從事更多的工作。

沒有什麼東西像成功那樣持久。當你學會了這些思想，並將它們運用到日常實踐中的時候，你就培養了一種採取行動的習慣。而你進行的嘗試越多，就越可能獲得成功。

你是一個了不起的人，有著至今仍未發揮出來的天分和才能。你生活在人類歷史的「黃金時代」，現在比從前任何時候都有更多的機會可以使更多人取得成功。除了你自己，沒有什麼可以限制你的作爲和成就。

行動起來吧！

國家圖書館出版品預行編目資料

貧窮大崩盤／張升宗著.
——初版—— 台北市：知青頻道出版；
紅螞蟻圖書發行，2005〔民94〕
面　　公分，——(Money ; 2)
ISBN 957-0491-31-0 (平裝)

1.成功法 2.財富
177.2　　　　94000558

Money 2
貧窮大崩盤
作　　者／張升宗
發 行 人／賴秀珍
榮譽總監／張錦基
總 編 輯／何南輝
文字編輯／林芊玲
美術編輯／林美琪
出　　版／知青頻道出版有限公司
發　　行／紅螞蟻圖書有限公司
地　　址／台北市內湖區舊宗路二段121巷28號4F
郵撥帳號／1604621-1　紅螞蟻圖書有限公司
電　　話／(02)2795-3656 (代表號)
傳　　眞／(02)2795-4100
登 記 證／局版北市業字第1446號
法律顧問／通律法律事務所　楊永成律師
印 刷 廠／鴻運彩色印刷有限公司
電　　話／(02)2985-8985・2989-5345
出版日期／2005年3月　第一版第一刷

定價 199 元

ISBN 957-0491-31-0　　Printed in Taiwan

KNOWLEGLE YOUNGER CHANNEL

KNOWLEGLE YOUNGER CHANNEL

KNOWLEGLE YOUNGER CHANNEL

KNOWLEGLE YOUNGER CHANNEL